Janett Schindler | Andreas Walter

Bergisches Land

50 MIKROABENTEUER

ZUM ENTDECKEN UND GENIESSEN

360° medien

IMPRESSUM

Bergisches Land
50 MIKROABENTEUER ZUM ENTDECKEN UND GENIESSEN
Janett Schindler | Andreas Walter

© 2. Auflage 2024 360° medien
Nachtigallenweg 1 | 40822 Mettmann
360grad-medien.de

Redaktion und Lektorat: Christine Walter

Satz und Layout: Marc Alberti | Christine Walter

Gedruckt und gebunden:
Himmer GmbH Druckerei & Verlag | Steinerne Furt 95 | 86167 Augsburg
www.himmer.de

Bildnachweis: siehe Seite 256

ISBN: 978-3-96855-386-3
Hergestellt in Deutschland

360grad-medien.de

Vorwort

Zwei AutorInnen bedeuten zwangsläufig auch zwei unterschiedliche Sichtweisen auf eine relativ unbekannte und von ihrem Freizeit- und Erlebniswert häufig weit unterschätzte Region im südwestlichen Nordrhein-Westfalen: das Bergische Land.

(Janett) Ich muss zugeben, bis vor wenigen Jahren war das Bergische Land auf meiner Landkarte ein weißer Fleck. Ich lebe zwar seit 2002 im Rheinland und hatte natürlich die bekanntesten Sehenswürdigkeiten wie die Wuppertaler Schwebebahn oder das Neanderthal Museum bereits für mich entdeckt.

Als ich 2017 das erste Mal die Müngstener Brücke und Schloss Burg erwanderte und mit der Seilbahn in das herbstliche Bergische Tal hinunterfuhr, verliebte ich mich in die Region. Es folgten Dates bei einer typischen Bergischen Kaffeetafel, einem Besuch im Japanischen Garten in Leverkusen und eine Vielzahl von Wanderungen im Bergischen. Immer größer wurde der Radius meiner Entdeckungsreisen – immer fester meine Beziehung zum Bergischen Land.

(Andreas) Meine Beziehung zum (Nieder-)Bergischen Land dagegen begann bereits mit der Geburt im damaligen Katholischen Krankenhaus in Mettmann. Der Entdeckungsradius wurde mit zunehmendem Alter immer größer, Ausflüge in das alte Neanderthal Museum und den Wuppertaler Zoo erweiterten den Horizont, das „Oberbergische" entdeckte ich erstmals im Schullandheim in Waldbröl und in der Jugendherberge Much.

Nur kurz – während des Studiums – wurde ich dem Bergischen untreu, meldete mich aber nach fünfjähriger Diaspora reumütig mit einem ersten Job in Wuppertal und einer Wohnung in Wülfrath zurück, bis 1994 die Rückkehr nach Mettmann erfolgte. Im Laufe der folgenden Jahre entdeckte ich mit der Familie zahlreiche Orte, Sehenswürdigkeiten und Landschaften im Bergischen Land, habe aber eher unterbewusst wahrgenommen, in was für einer geschichtsträchtigen, reizvollen und abwechslungsreichen Region wir leben.

Die Recherche für das Buch sowie der Austausch mit zahlreichen Personen aus der Region haben immer wieder neue Facetten des Bergischen Landes aufgezeigt, sodass es uns als Autorenteam wahrlich nicht leicht fiel, aus den zahlreichen möglichen Themen 50 Tipps auszuwählen, die wir in diesem Werk vorstellen. Wir hätten gut und gerne auch 100 oder mehr Mikroabenteuer präsentieren können, so facettenreich ist das Bergische Land. Aber ein Anfang ist mit diesem Werk gemacht!

Wir entführen Euch auf den nächsten Seiten in die verschiedenen Regionen des Bergischen Landes, ins Oberbergische und in den Rheinisch Bergischen Kreis mit Leverkusen, in das niederbergische Neanderland sowie in das Bergische Städtedreieck aus Wuppertal, Solingen und Remscheid. Folgt uns auf unseren Touren mit dem Rad oder zu Fuß, fahrt Draisine oder fliegt mit uns über das Wasser. Wir kuscheln mit Kühen, erklimmen Baumwipfel, fliegen ins All und erleben die Welt unter Tage. Ihr merkt schon: Langweilig wird es im Bergischen Land garantiert nicht!

Janett Schindler und Andreas Walter

Inhaltsverzeichnis

Blick über das Bergische Land bei Marienheide

Hinweis: Aus Gründen der besseren Lesbarkeit wird auf eine geschlechtsneutrale Differenzierung verzichtet. Entsprechende Begriffe gelten im Sinne der Gleichbehandlung grundsätzlich für alle Geschlechter. Die verkürzte Sprachform beinhaltet keine Wertung.

Willkommen im Bergischen Land

490 Meter – das ist der Höhenunterschied vom Rhein bis zum höchsten Berg der rheinischen Region, dem Homert. Wer jetzt jedoch glaubt, dass der Name „Bergisches Land" aufgrund seiner vielen Hügel entstanden ist, der liegt falsch.

Im Jahr 1101 wurde die Region rund um das Städtedreieck Remscheid, Solingen und Wuppertal, den Kreis Mettmann, die Stadt Leverkusen, den Rheinisch-Bergischen sowie den Oberbergischen Kreis und Teile des Rhein-Sieg-Kreises von Adolf von Berg zur Grafschaft erhoben. Die Grafschaft gibt es nicht mehr – der Name ist jedoch geblieben und die Berger tragen ihn mit Stolz.

Haus Bürgel bei Monheim

Die Besiedlung des Bergischen Landes begann nicht erst im Mittelalter. Im Bergischen lebten die bekannten Neandertaler unweit der heutigen Stadt Mettmann, die Römer bauten ein Kastell am Rhein, heute bekannt als Haus Bürgel, und auch zahlreiche germanische Stämme verweilten in den damals noch dichten Wäldern des Bergischen Landes.

Geografisch befindet sich das Bergische Land im Westen Deutschlands im Zentrum des Bundeslandes Nordrhein-Westfalen. Es wird umgeben von Metropolen wie Köln, Bonn und Düsseldorf, liegt unmittelbar an der Grenze zum Sieger- und Sauerland. Auch das Ruhrgebiet ist mit Städten wie Hagen, Witten und Hattingen nur wenige Kilometer weit weg.

Das Bergische Land besticht nicht nur wegen seines Waldreichtums. Es gibt 21 Talsperren in dem Gebiet zwischen Düsseldorf und Siegen – Rekord in Deutschland. Das Wasser ist das wichtigste Element in der rheinischen Region und hat in den letzten drei Jahrhunderten für den wirtschaftlichen Aufschwung gesorgt.

An der Wuppertalsperre

Vor allem für Schneidwaren, Bestecke und Schlösser sind Orte wie Solingen, Remscheid und Velbert in aller Welt bekannt – in den Städten des Bergischen Landes wurde sehr viel Metallverarbeitung betrieben. Das lag auch an den kurzen Wegen, denn einige Metalle konnten im Bergbau des Rhein-Sieg-Kreises gefördert werden. Die Blütezeit der Industrialisierung hatte das Bergische Land im 19. Jahrhundert und ebenda entstanden auch die Ideen für besondere Bauwerke wie die Müngstener Brücke oder die Wuppertaler Schwebebahn. Auch in der Architektur tat sich zu dieser Zeit einiges. Wer es sich leisten konnte, verkleidete sein Fachwerkhaus mit Schiefer oder baute sich in Wuppertal oder Solingen ein Gründerzeithaus. Auch viele Parkanlagen wurden zu Beginn des 20. Jahrhunderts angelegt und boten Freizeitmöglichkeiten für die Einwohner des Bergischen Landes.

Heute ist neben der Metallverarbeitung auch der Tourismus ein wichtiger Wirtschaftsfaktor im Bergischen Land. Nicht nur die Großstädter aus Düsseldorf und Köln sind stetig auf den Wander- und Radwegen der ländlich geprägten Region unterwegs. Spannende bergische Streifzüge, der neanderland STEIG und der Bergische Panoramasteig locken Wanderer zu besonderen Reisen durch die Natur, bei der es nicht nur um das Erlebnis Wandern geht, sondern auch um ein Erleben der jeweiligen Orte. Ob Klangpfad, Obstweg oder Feuer und Flamme-Weg, im Bergischen Wanderland wird es nie langweilig!

Ehemaliger Gelper Hof – ein typisch Bergisches Fachwerkhaus

Auf zahlreichen ehemaligen Bahntrassen lässt sich die Region rund um Wuppertal, Solingen und Remscheid bis hin zum Neanderland aber auch ganz entspannt und ohne Anstrengung mit dem Rad erfahren. Für alle, die es gerne anspruchsvoller mögen, gibt es jedoch eine Vielzahl von Radwegen mit Höhenmetern! Selbst Klettern ist im Bergischen Land gut möglich, vor allem der Bochumer Bruch in Wülfrath ist hier sehr

Mit dem Fahrrad an der Wupper

beliebt. Wie an vielen Orten im Bergischen Land wird auch hier ein ehemaliger Industriestandort ein touristisches Highlight der Region. Auch alte Kotten entlang der Wupper, einem der beiden großen Flüsse im Bergischen, zeigen heute noch, wie hier vor gut 100 Jahren gearbeitet wurde. Die Landwirtschaft kommt ebenfalls nicht zu kurz – ist sie doch auch heute noch ein wichtiger Wirtschaftsfaktor für die Region! Übrigens: Im Buch gibt es eine ganz besondere Empfehlung, wie man einem bergischen Rind einmal ganz nahe kommen kann.

Im Lenneper Röntgen-Museum

Neben zahlreichen Aktiv- und Outdoorattraktionen gibt es hier auch eine Vielzahl von Museen, Schlösser und Burgen, alten Bergwerken und Fabriken oder auch Planetarien, die nicht nur bei Schlechtwetter empfehlenswerte Ziele sind

Eine Vielzahl dieser Ausflugsziele im Bergischen Land haben wir auf den folgenden Seiten vorgestellt. Vielleicht sieht man sich ja demnächst?!

Top 10

DER SEHENSWÜRDIGKEITEN IM BERGISCHEN LAND

1 **Müngstener Brücke:** Sie ist die höchste Eisenbahnbrücke Deutschlands und überspannt mit einer Länge von 465 Metern und einer Höhe von 107 Metern zweigleisig das Tal der Wupper zwischen Remscheid und Solingen. Der Bau startete 1893 und am 15. Juli 1897 wurde die Brücke von Prinz Friedrich Leopold von Preußen eingeweiht. Unterhalb der Brücke befindet sich der zur Regionale 2006 eingeweihte Brückenpark mit zahlreichen Attraktionen für Jung und Alt, unter anderem einer handbetriebenen Schwebefähre über die Wupper. Jeweils am letzten Oktoberwochenende findet das Müngstener Brückenfest statt. Für das leibliche Wohl sorgt das Haus Müngsten mit Imbiss, Bistro und Restaurant. *die-muengstener-bruecke.de*

2 **Neanderthal Museum:** In einem Talabschnitt der Düssel, zwischen den Städten Erkrath und Mettmann wurde 1856 das weltweit bekannteste Skelett eines Verwandten des homo sapiens gefunden und nach dem Namensgeber für das Tal, Joachim Neander, benannt. Bereits am 3. März 1938 wurde das erste Museum an der Fundstelle als Urgeschichtliches Museum

Neandertal eröffnet und 1962 umgestaltet. Das heutige Neanderthal Museum wurde 1996 eröffnet. Es erzählt mit multimedialen Inszenierungen auf einer Zeitreise durch vier Millionen Jahre die Geschichte der Menschheit von den Anfängen bis in die Gegenwart. Star des Museums ist „Mr. N", eine lebensechte Rekon-struktion des 1856 gefundenen Neandertalers. Ergänzt wird das Museum durch eine Erlebniswelt mit Steinzeitwerkstatt, Steinzeitspielplatz, eiszeitlichem Wildgehege, Kunstweg sowie seit Ende 2022 durch den Erlebnisturm Höhlenblick an der Fundstelle des Neanderthalers. *neanderthal.de*

3 **LVR-Freilichtmuseum in Lindlar:** Bergische Geschichte, Leben und Arbeiten im Bergischen Land und eine spannende Zeitreise durch die letzten drei Jahrhunderte vermittelt das LVR-Freilichtmuseum in Lindlar. Auf einer Fläche von 30 Hektar sind rund 40 historische Gebäude aus dem Bergischen Land von innen und außen so wiederhergestellt worden, wie sie einst an ihrem Originalstandort aussahen. Eine Schmiede und Stellmacherei aus Lindlar-Linde, ein Backhaus aus Overath-Kepplerburg, das Bandweberhaus aus Wuppertal-Ronsdorf, ein Kleinstwohnhaus aus Hilden sowie das Gut Dahl aus Wülfrath sind nur einige der Highlights, die auf dem Gelände spannende Einblicke in die Vergangenheit geben. Auch das Museumsgelände selbst wurde Schritt für Schritt in den Zustand zwischen 1850 und 1900 zurückversetzt. *freilichtmuseum-lindlar.lvr.de*

4 **Der Grüne Zoo Wuppertal:** Er wurde im September 1881 eröffnet und ist damit einer der ältesten und traditionsreichsten Zoologischen Gärten in Deutschland. Durch die idyllische Hanglage mit altem Baumbestand und weite Wiesenflächen gilt er zudem auch als eine der schönsten Zooanlagen im Lande. Aushängeschild ist die 1995 vom damaligen Ministerpräsidenten Johannes Rau eingeweihte Elefantenanlage. Auf etwa 3000 Quadratmetern Außenfläche leben 11 Afrikanische Elefanten, mittlerweile sind auf der Anlage insgesamt sieben Elefantenjunge zur Welt gekommen. Seit 2021 ist der „Grüne Zoo Wuppertal", so die offizielle Bezeichnung, um eine weitere Attraktion reicher – „Aralandia", eine 1000 Quadratmeter große Freiflug-Voliere vor allem für Aras, Sittiche und Flamingos. *wuppertal.de/microsite/zoo*

5 **Altenberger Dom:** Er wird auch der „Bergische Dom" genannt und liegt im Odenthaler Ortsteil Altenberg im Westen des Rheinisch-Bergischen Kreises. Im Jahre 1133 kamen Zisterziensermönche aus Frankreich auf Einladung der Grafen von Berg nach Altenberg, um hier ein neues Kloster zu gründen. Zwischen 1259 und 1379 errichteten sie ihre Klosterkirche im gotischen Stil. Zahlreiche Hochgräber und Grabplatten zeugen davon, dass die Verbindung zwischen den Zisterziensern und den Grafen von Berg viele Jahrhunderte überdauerte. Eine besondere kunsthistorische Bedeutung haben die Altenberger

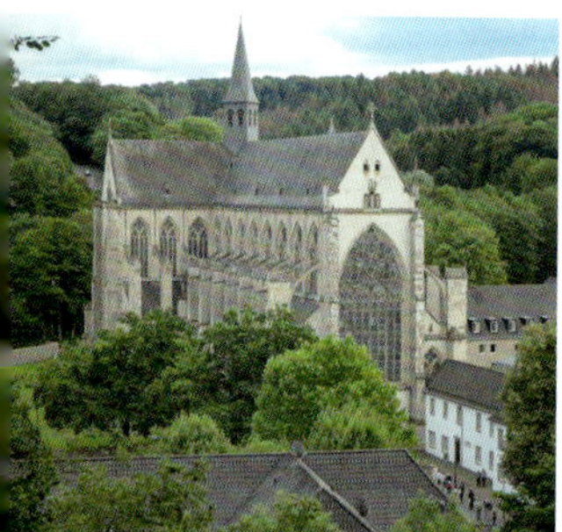

Madonna, eine geschnitzte Madonna im Strahlenkranz sowie das 144 Quadratmeter große Westfenster, das das himmlische Jerusalem darstellt. *altenberger-dom.de*

6

Schloss Burg: Im Solinger Stadtteil Burg, über hundert Meter oberhalb der Wupper, liegt seit dem 12. Jahrhundert die Stammburg der Grafen und Herzöge von Berg, heute die größte rekonstruierte Burganlage in Nordrhein-Westfalen, die zurzeit bis voraussichtlich 2025 umfassend saniert wird. Mit rund 250.000 Besuchern pro Jahr ist Schloss Burg mit seinem Museum einer der größten touristischen Anziehungspunkte des Bergischen Landes. Vom Stadtteil Unterburg aus fährt die älteste Doppelsitzer-Seilbahn Deutschlands hinauf zu Schloss Burg, von der aus man auch einen wunderbaren Ausblick auf den Bergischen Wald und die Wupper hat. *schlossburg.de*

7

Mariendom: Er ist zwar gerade einmal 55 Jahre alt, aber sicherlich eine der bekanntesten Sehenswürdigkeiten des Bergischen Landes – der Mariendom im Velberter Stadtteil Neviges. Die Entstehung der Wallfahrtskirche geht jedoch auf eine Marienerscheinung im 17. Jahrhundert zurück. Da die ursprüngliche Wallfahrtskirche aus dem Jahre 1728 dem im Laufe der Jahrhunderte ständig zunehmenden Pilger-

strom nicht mehr gewachsen war wurde 1965 ein Neubau beschlossen. Entstanden ist einer der bedeutendsten Kirchenbauten des 20. Jahrhunderts mit einer einzigartigen, freitragenden Dachkonstruktion über eine Grundfläche von etwa 2800 Quadratmetern mit Platz für über 6000 Besucher. *mariendom.de*

8 **neanderland STEIG:** 240 Kilometer, 17 Etappen und jede Menge Wanderspaß – das ist der neanderland STEIG, der seit zehn Jahren das wanderbare Aushängeschild des Kreises Mettmann ist. Start und Ziel des mehrtägigen Rundwanderwegs ist der Haaner Ortsteil Gruiten. Der neanderland STEIG verbindet ein Erlebnis aus den abwechslungsreichen Landschaften des Niederbergischen Landes, typisch Bergischen Dörfern mit Fachwerkhäusern und zahlreichen Sehenswürdigkeiten im Kreis Mettmann. Gekennzeichnet ist der neanderland STEIG durchgängig durch ein Wegzeichen mit weißem „N“ auf rotem Grund. Ergänzt wird der Steig durch 21 Entdeckerschleifen mit Längen zwischen zwei und 19 Kilometern. *neanderland.de/aktiv-erleben/wandern/der-neanderland-steig*

9 **Panarbora:** Der Panarbora-Park in Waldbröl im Oberbergischen Kreis verbindet ein eindrucksvolles Walderlebnis auf einem Baumwipfelpfad und Erlebnisturm sowie zahlreichen weiteren Naturerlebnissen mit ausgefallenen Übernachtungsmöglichkeiten in einer modernen Jugendherberge. Betrieben wird der Naturerlebnispark vom Deutschen Jugendherbergswerk und wurde im September 2015 eröffnet.

Mit einer Lauflänge von 1635 Metern (inklusive Aufstieg auf den 40 Meter hohen Erlebnisturm) verfügt Panarbora über Nordrhein-Westfalens längsten barrierefreien Baumwipfelpfad und bietet von seinem Erlebnisturm traumhafte Ausblicke über das Oberbergische Land. *panarbora.de*

10 **Schloss Homburg:** Es ist eines der bekanntesten Wahrzeichen des Oberbergischen Landes und erhebt sich weit sichtbar oberhalb des heilklimatischen Kurorts Nümbrecht – das im Jahre 1276 erstmals erwähnte Schloss Homburg, das im 17. Jahrhundert sein bis heute prägendes Aussehen eines Barockschlosses annahm. Das Anfang des 20. Jahrhunderts sanierte Gebäude beherbergt seit 1926 ein Museum, das zu einer Zeitreise durch die Kulturgeschichte des Oberbergischen Landes vom Mittelalter bis ins beginnende 20. Jahrhundert einlädt. Auch eine historische Säge- und Mahlmühle sowie eine Bäckerei aus dem 19. Jahrhundert können besichtigt werden. *schloss-homburg.de*

Kurioses und Besonderheiten

AUS DEM BERGISCHEN LAND

✓ Das Bergische Land heißt nicht wegen seiner 1000 Hügel so

Der Name „Bergisches Land" geht auf den Grafen von Berg zurück, der im 12. Jahrhundert auf Schloss Burg an der Wupper residiert hat. Die „von Bergs" prägten das Bergische wie keine andere Adelsfamilie – und waren auch für das Wachstum der Stadt Düsseldorf mit verantwortlich.

✓ Die Rauhfasertapete stammt aus Wuppertal

Im Jahr 1864 entwickelte Hugo Erfurt im Wuppertaler Stadtbezirk Langerfeld-Beyenburg „Papier zur Schaufenster-gestaltung", was später als Rauhfaser weltweit bekannt wurde.

Die Dröppelminna ist keine Bergische Erfindung

Die Dröppelminna kam ursprünglich aus den Niederlanden und ist eine Kaffeekanne mit drei Füßen und Zapfhahn, die sich im 19. Jahrhundert im Bergischen Land durchsetzte. Ihren Namen bekam sie, weil der Kaffeesatz häufig den Durchfluss verstopfte und der Kaffee nur „dröppelte".

Wuppertal ist die Stadt der Treppen!

Aufgrund seiner Lage gibt es in Wuppertal zahlreiche Treppen. Sehr beliebt und sogar besungen ist die Tippen-Tappen-Tönchen-Treppe in Elberfeld. Die wohl bunteste – die Holsteiner Treppe – befindet sich ebenfalls in Elberfeld, der Düsseldorfer Künstler Horst Gläsker hat sie zu einer Installation umgewandelt. Insgesamt gibt es 469 öffentliche Treppen mit 12.383 Stufen!

In Engelskirchen gibt es eine Christkind-Postfiliale

Jedes Jahr landen in Engelskirchen über 130.000 Briefe, adressiert an das Christkind. All die Wunschzettel, die rechtzeitig (bis zum 20. Dezember) an „Das Christkind, 51777 Engelskirchen" geschickt werden, bekommen auch eine Antwort aus der Christkind-Postfiliale in Engelskirchen.

Das Neandertal wurde nach Joachim Neander benannt

Bis ins frühe 19. Jahrhundert wurde das Neandertal auch Gesteins oder Klipp genannt. Die Region zwischen Erkrath und Mettmann war sehr natürlich und das Düsseltal war schon früh beliebt zum Wandern. So auch für Joachim Neander – ein bekannter evangelischer Kirchenmusiker aus dem 17. Jahrhundert. In seinen Reiseberichten machte er die Region bekannt und im Lauf der Jahre prägte sich immer mehr der Name Neanderthal ein.

Das Bergische Land ist fast so groß wie das Saarland

Mit 2175 Quadratkilometern ist das Bergische Land fast genauso groß wie das Saarland. Okay, knapp 400 Quadratkilometer (Köln ist 405 Quadratkilometer groß ...) fehlen, aber wir sind da ja nicht so!

Das Bergische Land ist begehrt bei deutschen Filmemachern!

Ob Rennschwein Rudi Rüssel in Lindlar, Verbotene Liebe im Schloss Ehreshoven oder Manta Manta in Wuppertal, durch die Nähe zur Medienstadt Köln sind Kamerateams und Stars häufig in der Region unterwegs.

Im Bergischen gibt's die meisten Stauseen

21 Stauseen gibt es im Bergischen Land – was etwa 2% der Fläche der Region einnimmt. Die bekanntesten sind die Neyetalsperre und die Bevertalsperre.

Miss Bergisch Land hat vier Beine

Der Titel „Miss Bergisch Land" ist bei Landwirten aus dem Bergischen Land sehr begehrt. Er wird jedes Jahr für die schönste Milchkuh aus dem Oberbergischen Kreis, dem Rheinisch-Bergischen Kreis sowie dem Rhein-Sieg-Kreis vergeben und von einer Jury nach streng festgelegten Kriterien prämiert.

Aspirin wurde in Wuppertal Elberfeld entdeckt

Dem Chemiker und Apotheker Felix Hoffmann gelingt 1897 eine eher zufällige Entdeckung in der Farbenfabriken vorm. Friedr. Bayer & Co. (heute als Bayer bekannt). Er erfindet Acetylsalicylsäure (ASS) – besser bekannt als Aspirin.

Das größte Messer der Welt stammt aus Solingen

Die Firma Güde hat im Jahr 1989 mit einem 312 cm langen Messer den Eintrag ins Guinessbuch der Rekorde geschafft. Zwei Exemplare wurden hergestellt und befinden sich in den Ausstellungen des LVR-Industriemuseums Solingen und des Klingenmuseums.

SCHWEDEN
DÄNEMARK
Ostsee
Nordsee
Kiel
SCHLESWIG-
HOLSTEIN
MECKLENBURG-
VORPOMMERN
HAMBURG
Schwerin
BREMEN
BRANDENBURG
POLEN
NIEDERSACHSEN
BERLIN
Hannover
Potsdam
Magdeburg
NORDRHEIN-
WESTFALEN
SACHSEN-
ANHALT
Düsseldorf
SACHSEN
Dresden
Erfurt
THÜRINGEN
HESSEN
RHEINLAND-
PFALZ
Wiesbaden
Mainz
TSCHECHIEN
SAARLAND
BAYERN
Stuttgart
FRANKREICH
BADEN-
WÜRTTEMBERG
München
ÖSTERREICH
SCHWEIZ

Gelsenkirchen
Dortmund
Unna
Bochum
Oberhausen
Essen
NORDRHEIN-WESTFALEN
Witten
Iserlohn
Ruhr
Kettwig
Langenberg
Hagen
Velbert
Gevelsberg
Neviges
Ratingen
Wülfrath
Wuppertal
Mettmann
Düsseldorf
Dahlhausen
Lüdenscheid
Haan
Radevormwald
Solingen
Remscheid
Langenfeld
Leichlingen
Monheim
Marienheide
Leverkusen
Odenthal
Gummersbach
Olpe
Lindlar
Bergneustadt
Bergisch Gladbach
Eckenhagen
Köln
Wiehl
Nümbrecht
Rösrath
Hürth
Waldbröl
Troisdorf
Windeck (Sieg)
Bornheim
Wissen
Bonn
Altenkirchen (Westerwald)
Königswinter
Euskirchen
RHEINLAND-PFALZ
Hachenburg
Rheinbach
Neustadt (Wied)

Oberbergischer Kreis und Rhein-Sieg-Kreis

Bei Anschlag, Wipperfürth

Oberbergischer Kreis und Rhein-Sieg-Kreis

1. Bergische Talsperren: Freizeitparadiese erradeln
2. Radevormwald: Pilzwandern durchs Bergische Land
3. Bergneustadt: die Fachwerkstadt entdecken
4. Freilichtmuseum Lindlar: Zeitreise ins oberbergische Leben des 19. Jahrhunderts
5. :metabolon: Freizeiterlebnis mit Bildungsauftrag
6. Affen- und Vogelpark Eckenhagen: zwischen Hexenhäusern und exotischen Tieren
7. Zwischen Mufflons und Stalaktiten: ein Ausflug nach Wiehl
8. Wiehl-Bielstein: auf dem Weg ist das Bier
9. Nümbrecht: adlige Momente im Schloss Homburg
10. Panarbora: hier staunt der Gott des Waldes
11. Waldbröl: kuscheln mit bergischen Rindern
12. Burgruine Windeck: Geschichte mit Weitblick
13. Windeck: Bergbau im Bergischen in der Grube Silberhardt

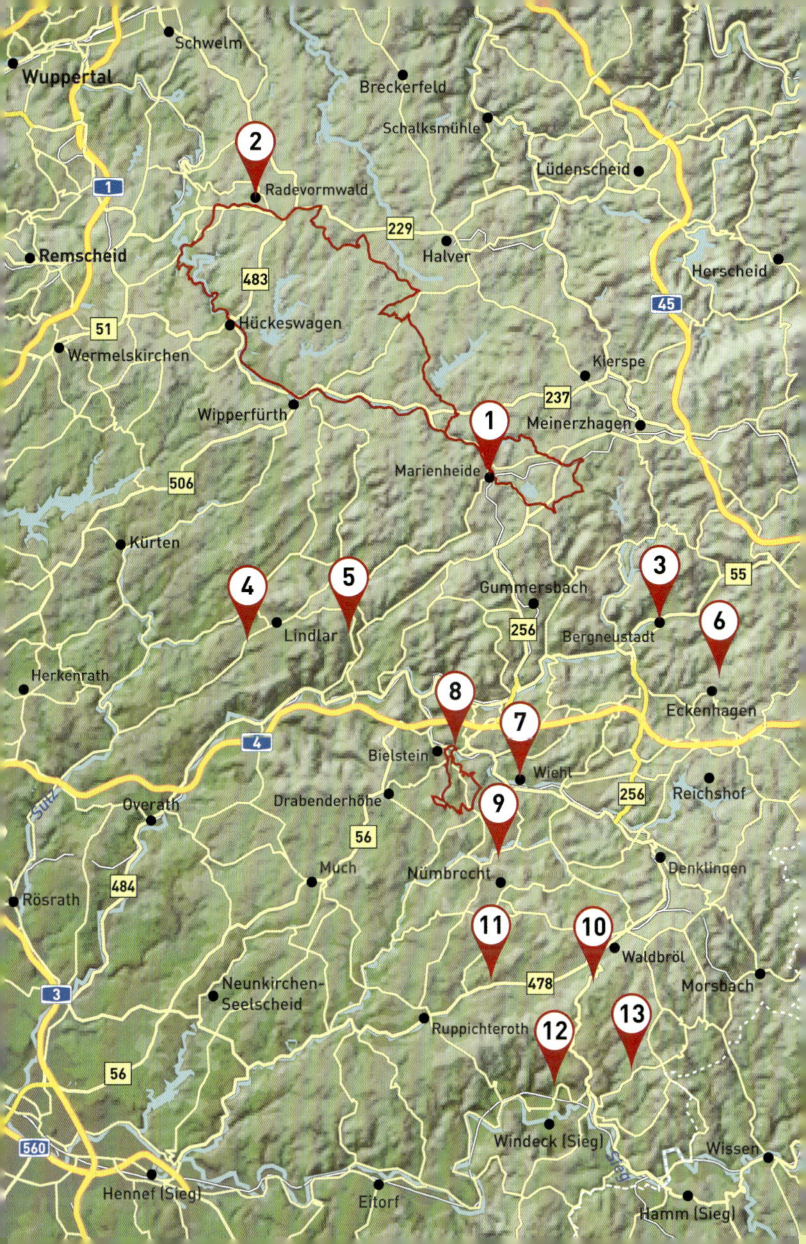

Schwelm
Wuppertal
Breckerfeld
Schalksmühle
Lüdenscheid
2
Radevormwald
1
229
Halver
Remscheid
Herscheid
483
45
51
Hückeswagen
Wermelskirchen
Kierspe
237
Wipperfürth
1
Meinerzhagen
Marienheide
506
Kürten
3
55
4
5
Gummersbach
6
256
Lindlar
Bergneustadt
Herkenrath
8
Eckenhagen
7
4
Bielstein
Wiehl
Sülz
9
256
Reichshof
Overath
Drabenderhöhe
56
Much
Nümbrecht
Denklingen
484
Rösrath
11
10
Waldbröl
478
Morsbach
Neunkirchen-
Seelscheid
3
13
Ruppichteroth
12
56
Windeck (Sieg)
Sieg
560
Wissen
Hennef (Sieg)
Eitorf
Hamm (Sieg)

1 Bergische Talsperren

FREIZEITPARADIESE ERRADELN

Wer das Bergische Land in allen seinen Facetten kennenlernen möchte, der kommt an den Talsperren nicht vorbei. Sie sind Ziel für zahlreiche Freizeitaktivitäten, sei es schwimmend, tauchend oder mit Wassersportgeräten, sei es zu Fuß oder auch mit dem Fahrrad an den Ufern oder in der Umgebung.

In keiner anderen Region in Deutschland finden sich so viele Stauseen auf so kleinem Raum: 21 Talsperren gibt es im Bergischen Land, gespeist von über 2000 Bächen und Flüssen, deren längster die Wupper ist. Etwa zwei Prozent der Fläche des Bergischen Landes sind Talsperren. Sie dienen zum einen der Trinkwassergewinnung, aber auch der Wasserregulierung und sind zudem auch als Freizeitangebot ein beliebtes Ziel für die Einwohner und Besucher des Bergischen Landes.

Das ganze Jahr über laden die Stauseen zum Wandern, Radfahren und an einigen Talsperren insbesondere im Sommer auch zum Baden, Paddeln, Tauchen oder Segeln ein. Dann wird das Bergische zu einem echten Wasserparadies.

Die älteste Talsperre des Bergischen Landes ist die Eschbachtalsperre bei Remscheid, die bereits 1891 in den Betrieb ging und damit auch die älteste Trinkwassertalsperre Deutschlands sowie der älteste Stausee in Nordrhein-Westfalen ist. Von Anfang an war die Eschbachtalsperre auch ein beliebtes Ausflugsziel, das 1899 sogar von Kaiser Wilhelm II. besucht wurde. Rund um den Stausee wurde 1977 ein drei Kilometer langer Rundweg geschaffen, der als Waldlehrpfad gerade für Familien mit Kindern interessant ist.

Die Große Dhünntalsperre ist eine der jüngeren Talsperren im Bergischen Land. Sie wurde 1988 in Betrieb genommen und ist nach der Rappbode-Talsperre im Harz die zweitgrößte Trinkwassertalsperre Deutschlands. Baden und Wassersport sind aufgrund einer etwa 100 Meter breiten Wasserschutzzone zwar nicht möglich, rund um die Talsperre bieten sich aber zahlreiche Wander- und Radfahrmöglichkeiten.

Indirekt deutschlandweit bekannt ist auch die Wiehltalsperre im Gebiet der Gemeinde Reichshof im Oberbergischen Kreis. In der 1973 in Betrieb genommenen Talsperre liegt die „Krombacher Insel", die in einem TV-Spot in einer Luftaufnahme gezeigt wird.

Aggertalsperre

Die Aggertalsperre liegt zwischen den Städten Gummersbach, Bergneustadt und Meinerzhagen, wird durch die Flüsse Agger, Genkel und Rengse gespeist und wurde zwischen 1927 und 1929 errichtet. Sie dient der Brauchwasserversorgung, dem Hochwasserschutz und der Stromerzeugung. Sie ist aber auch ein beliebtes Ausflugsziel, da zahlreiche Wander- und Radwege, ein Jugendzeltplatz und ein Bootshafen für Segel- und Ruderboote attraktive Freizeitmöglichkeiten bieten. Für Familien mit Kindern sehr empfehlenswert ist der Bergische Streifzug „Energieweg", denn hier beantwortet die WDR-Maus auf acht Infotafeln zahlreiche Fragen zum Thema Energie. Der Weg führt auch am Strandbad Bruch vorbei, in dem an heißen Sommertagen auch eine Badepause eingelegt werden kann.

Schon auf Wuppertaler Stadtgebiet, aber an der Grenze des Oberbergischen Kreises gelegen, befindet sich der 1954 in Betrieb genommene Stausee Beyenburg. Hierbei handelt es sich um eine der kleinsten Talsperren des Bergischen Landes, die früher insbesondere zur Wasserstandsregulierung der Wupper diente. Durch den Bau der Wuppertalsperre ist diese Funktion in den Hintergrund getreten. Heute ist der Stausee ein beliebtes Naherholungsziel, in dem auch gebadet werden kann. Einzigartig ist auch der wunderbare Ausblick auf den alten Stadtkern von Beyenburg mit der etwas oberhalb der Wupper gelegenen Klosterkirche St. Maria Magdalena, eines der am häufigsten fotografierten Motive Wuppertals.

Beyenburger Stausee

Über eine abwechslungsreiche, aufgrund der Länge von etwa 80 Kilometern anspruchsvolle Radtour lassen sich gleich fünf Talsperren entdecken – die Brucher-, die Lingese-, die Neye-, die Bever- und die Wuppertalsperre. Bewältigen kann man die Tour an einem Tag, wer es aber entspannter angehen möchte, der kann sie auch auf zwei oder drei Tage aufteilen. Somit bleibt mehr Zeit, um neben den Wasserwelten auch die umliegenden reizvollen Bergischen Städte und Landschaften kennenzulernen. Als Startpunkt für die Radtour bieten sich die Orte Marienheide, Hückeswagen, Radevormwald oder auch Wipperfürth an. Wer mit der Bahn anreist, für den ist Marienheide der ideale Startpunkt, da es hier einen Bahnhof gibt.

Badestelle an der Brucher Talsperre

Bereits wenige Kilometer nach dem Start der Tour in Marienheide wird mit der Brucher Talsperre der erste Stausee erreicht und wer baden möchte, ist hier gut aufgehoben. An insgesamt vier ausgewiesenen Stellen ist eine Abkühlung möglich. Wer nur ausruhen möchte, hat zudem einen wunderbaren Blick auf die zahlreichen Segler, die sich hier tummeln.

Weiter geht es in Richtung Danneberg, Börlinghausen und Holzwipper. Hier lohnt ein kleiner Abstecher zum Quellgebiet der Wupper, die im oberen Verlauf noch Wipper heißt. Nach etwa drei

Das Quellgebiet der Wupper

weiteren Kilometern wird bei Wernscheid die Lingesetalsperre erreicht. Sie wurde in den Jahren 1897 bis 1899 erbaut und ist damit auch eine der ältesten Talsperren im Bergischen Land. Auch hier gibt es drei Badestellen; für eine Wanderung bietet sich der fünf Kilometer lange Uferweg um den Stausee an.

Bergische Landschaft bei Anschlag

Eine weitere Talsperre, deren Ufer man über einen kleinen Abstecher bei Großfastenrath erreicht, ist die Kerspetalsperre. Da es sich jedoch um eine reine Trinkwasser-Talsperre handelt, darf der unmittelbare Uferbereich, der auch eingezäunt ist, nicht betreten werden.

Nun erwartet den Radfahrer eine längere Strecke ohne Talsperre, die aber auf abwechslungsreichen Wegen über Kreuzberg, Anschlag und Schwenke durch die reizvoll-hügelige, typische Landschaft führt, bis mit Radevormwald die nördlichste Stadt des Oberbergischen Kreises erreicht wird.

Von hier geht es dann weiter zur Wuppertalsperre, der dritten, mit einem Fassungsvermögen von 25,6 Millionen Kubikmetern Wasser und einer Wasserfläche von 227 Hektar bei Vollstau größten Talsperre des „Wasserquintetts". Die Wuppertalsperre

Wuppertalsperre

ist mit ihren zahlreichen Möglichkeiten zur Freizeitgestaltung nicht nur im Sommer ein beliebtes Ausflugsziel. Zahlreiche Wanderwege, Rastplätze, Ferienhaussiedlungen und ein Bootshafen für Segel- und Ruderboote ermöglichen Erholung, Sport und Spiel für die ganze Familie. Im Freizeitpark Kräwinklerbrücke gibt es neben zahlreichen Wassersportmöglichkeiten mit Bootsverleih auch eine Badestelle. Auch für Sporttaucher ist die Wuppertalsperre ein lohnendes Ziel, da sich hier unter Wasser alte Industrieanlagen und mit der Kräwinklerbrücke auch noch die älteste noch erhaltene Brücke „über" die Wupper zum Durchtauchen befindet.

Auch der Radweg führt nun über längere reizvolle Streckenabschnitte direkt am Ufer der Wuppertalsperre entlang, bis die Stadt Hückeswagen erreicht wird. Eine Pause ist hier lohnenswert, denn mit der historischen Altstadt und dem im Jahr 1189 erstmals erwähnten Schloss gibt es einiges zu sehen. Mit einem kurzen Abstecher vom Radweg wird bei Hückeswagen auch die vierte Talsperre des „Wasserquintetts" erreicht, die Bevertalsperre, an der es auch wieder vier Badestellen und zahlreiche Möglichkeiten zum Wassersport, Wandern und Radfahren gibt.
Anschließend folgt die Strecke oft dem Verlauf der Wipper und führt

Hansestadt Wipperfürth

mit einem Abstecher zur Nummer Fünf des „Wasserquintetts“, zur Neyetalsperre, über die Hansestadt Wipperfürth (die älteste Stadt des Bergischen Landes) in Richtung Marienheide, wo die Radtour wieder am Bahnhof endet.

Fazit: Das „Wasserquintett“ ist eine von zahlreichen Möglichkeiten, einen nachhaltigen und abwechslungsreichen Eindruck über das wasserreiche Bergische Land zu gewinnen. Und es bleibt festzuhalten: Wer keine der zahlreichen Talsperren gesehen hat, hat einen prägenden Charakter des Bergischen Landes verpasst.

Info

Lage: Die Talsperren befinden sich im gesamten Bergischen Land.

Aktivitäten:

- Radtour „Wasserquintett“, Rundweg, Länge: 77 Kilometer, etwa 900 Höhenmeter, Start und Ziel: Bahnhof Marienheide, Bahnhofstraße, 51709 Marienheide
- Wem auf der Radtour „Wasserquintett“ fünf Talsperren nicht ausreichen, der kann bei Dannenberg übrigens auch noch ein Abstecher zur Genkeltalsperre einbauen (*naturparkbergischesland.de/poi/genkeltalsperre*). Hier kann nahe dem Vorbecken zumindest von außen das in Privatbesitz befindliche Rittergut Listringhausen aus dem frühen 17. Jahrhundert besichtigt werden.
- Energieweg entlang der Aggertalsperre: Länge: 11,9 Kilometer, etwa 200 Höhenmeter, Start und Ziel: Parkplatz an der Aggertalsperre, Ecke Hagener Straße/Sperrmauer, 51645 Gummersbach, *bergisches-wanderland.de/bergische-streifzuege/alle-streifzuege/10-energieweg-gummersbach-119-km*

Websites:

- *dasbergische.de/aktiv-entspannen/wasser/talsperren*
- *wupperverband.de/unsere-anlagen/talsperren*
- *dasbergische.de/tour/radroute-wasserquintett*

2 Radevormwald

PILZWANDERN DURCHS BERGISCHE LAND

Wenn die Hitze des Sommers verflogen ist, wenn der erste Herbstregen den noch warmen Bergischen Boden berührt, dann ist ihre Hochzeit: Pilze. Überall sprießen sie und üben eine besondere Wirkung aus. Kenner sind in dieser Zeit häufig mit Korb und Messer und ihren Pilzbestimmungsbüchern unterwegs. Auch Melanie Schoppe hat im Herbst viel zu tun. Sie ist Pilzsachverständige im Bergischen Land und bietet in den Monaten September bis November spannende Pilz-Lehrwanderungen rund um Radevormwald an.

Besonders im Herbst sind die Pilzsucher in den Bergischen Wäldern zu sehen. Nicht nur entlang der zahlreichen Wanderwege lassen sich viele heimische Pilzarten entdecken – auch im Tiefholz hält sich so mancher Pilz versteckt. Den „einen" Hotspot für Pilzsammler gibt es dabei nicht, wie es sich in einer Pilzlehrwanderung in Radevormwald lernen lässt.

Pilze sammeln liegt wieder im Trend, viele unterschätzen jedoch die Gefahren. Denn auch wenn ein Pilz als essbar gilt, ist lang noch nicht sicher, ob er dauerhaft schädigen kann. Welcher Pilz bedenkenlos gegessen werden kann, wer ein giftiger Zwilling ist, was es mit den Pilzringen auf sich hat und wo im Wald man gute Pilze findet – das erfahren interessierte Pilzfans auf zweistündigen Touren mit der Mykologin Melanie Schoppe im Bergischen. Auch Vierbeiner und Kinder sind auf dieser Tour sehr willkommen und dürfen in den Waldgebieten rund um Radevormwald auf Entdeckungsreise gehen.

Nach einem Ausflug in die Pilze kann auch ein Besuch im Botanischen Garten Wuppertal bei der Pilzbestimmung helfen. Termine werden dort in den Herbstmonaten regelmäßig angeboten.

Knollenpilze im Bergischen Wald

Info

Lage: Der Treffpunkt der Pilzwanderungen wird nach Anmeldung bekannt gegeben, die Region befindet sich rund 20 Kilometer von Wuppertal, in östlicher Richtung.

Websites:

- *pilz-gefunden.de* (Termine für 2024 werden im Spätsommer bekannt gegeben)
- *naturwissenschaftlicher-verein-wuppertal.de/sektionen/Mykologie*
- *naturgut-ophoven.de*

HINWEISE:

- Pilzwanderungen finden in den Monaten September bis November statt. Auf passende Kleidung achten und bei Pilzwanderungen einen eigenen Korb sowie ein scharfes Messer mitbringen.
- Wer im Rheinischen sucht: Das Naturgut Ophoven in der Nähe von Leverkusen bietet ebenfalls Wanderungen in die Pilze an, *naturgut-ophoven.de*

3 Bergneustadt

DIE FACHWERKSTADT ENTDECKEN

Schon mal was vom Losemundbrunnen gehört? Der Brunnen mit der Skulptur von zwei Frauenplastiken steht im bergischen Fachwerkort Bergneustadt und ist nur eines von zahlreichen Wahrzeichen in der historischen Altstadt.

Bergneustadt liegt nicht nur an einer Vielzahl von wunderschönen Wanderwegen durchs Bergische, die Gemeinde ist auch perfekt für alle, die Fachwerkhäuser mögen. Die Altstadt, auf einer Anhöhe innerhalb der mittelalterlichen Ringmauer gelegen, bietet sich perfekt für einen Zeitreise-Rundgang an.

Bergische Kaffeetafel im Museum Bergneustadt

Seit 1951 ist das Heimatmuseum im Besitz des Heimatvereins „Feste Neustadt" e. V. und befindet sich in einem stattlichen Fachwerkhaus am Rande der historischen Altstadt von Bergneustadt. Das Museum bietet eine authentische Zeitreise durch das Leben der Gemeinde vom Mittelalter bis in die Gegenwart. So wurde in der oberbergischen Stadt Mitte des 20. Jahrhunderts sogar ein Handy hergestellt, das im Museum zu bestaunen ist. Dabei handelt es sich jedoch nicht um ein Gerät zum Telefonieren – mit dem Handy aus Bergneustadt lassen sich Diafotos einzeln betrachten.

Zum Museum gehört nicht nur das Museumsgebäude, es gibt eine Fachwerkscheune, eine Schmiede und ein Backhaus, die im Rahmen von verschiedenen Events genutzt werden können. Den Preis für den Eintritt ins Museum bestimmt jeder Besucher selbst. „Bezahl das, was es dir wert ist", steht im Eingangsbereich. Im gleichen Haus befindet sich auch die Stadtinformation, hier werden in regelmäßigen Abständen Führungen durch die historische Altstadt angeboten.

Eine weitere Besonderheit bietet das Fachwerkhaus an der Wallstraße 1 für alle „trauwilligen Paare". Im Heimatmuseum Bergneustadt ist es möglich, an 365 Tagen im Jahr und rund um die Uhr „Ja" zu sagen.

Im Dachgeschoss gibt es zudem noch eine Ausstellung zu regionalen und überregionalen Feuerwehrhelmen aus mehreren Jahrzehnten. Man mag es kaum glauben, doch der oberbergische Ort brannte in den letzten Jahrhunderten mehrfach nieder. Heute ist die bergische Gemeinde ein wichtiges Zentrum für Feuerwehrleute in NRW, denen auf dem Feuer und Flamme-Weg nicht nur ein Denkmal gesetzt wurde.

Losemundbrunnen

Ein besonderes Highlight in Bergneustadt ist der Losemundbrunnen, der in der historischen Altstadt ein wenig unscheinbar in einem Biergarten an der Hauptstraße 21 steht. Er zeigt zwei tratschende Waschfrauen und ist eines der beliebtesten Fotomotive in Bergneustadt. Jährlich, am 13. Mai, wird hier der Stadtgeburtstag gefeiert und zwei Bergneustädter Originale berichten vor Ort von den Geschehnissen des letzten Jahres. Natürlich in Mundart!

Doch auch den Rest des Jahres gibt es in der Altstadt viel zu entdecken – auf einem Rundgang zum Beispiel 15 denkmalgeschützte Häuser und 25 Gebäude, die das Stadtbild von Bergneustadt prägen. An zahlreichen dieser Häuser (wie der Altstadtkirche, dem Haus Clarenbach oder der alten Schmiede) sind große Tafeln mit zahlreichen alten Bildern und Informationen angebracht, die über die Geschichte der Gebäude und der Stadt berichten.

Im Umkreis der Gemeinde kommen vor allem Wanderer auf ihre Kosten. Rund um die Aggertalsperre, die zwischen Gummersbach, Bergneustadt und Meinerzhagen liegt, gibt es eine Vielzahl von schönen Wanderwegen durch die Natur.

Blick auf die Aggertalsperre

Wer wenig Zeit hat, aber dennoch einen tollen Blick auf die Aggertalsperre haben möchte, dem bietet im Stadtteil Hackenberg in Richtung Talsperre ein kurzer Stopp an der „Schönen Aussicht" ein wunderschönes Panorama.

Und für alle, die Lust auf eine Wanderung haben: Direkt an der Aggertalsperre befindet sich ein Wanderparkplatz, von dem aus sich der „Energieweg" sowie der „Feuer und Flamme-Weg" entdecken lassen. Beide Touren sind Teil der Bergischen Streifzüge, die besondere Wanderwege im Bergischen Land beschreiben.

Übrigens: In Bergneustadt startet die Fachwerkroute. Mit dem Auto oder Motorrad lassen sich auf dieser Strecke von 146 Kilometern besonders schöne Fachwerkorte im Bergischen Land befahren.

Info

Lage: Bergneustadt liegt etwa 60 Kilometer östlich von Köln und rund 35 Kilometer nordwestlich von Siegen an der Fachwerkroute.

Aktivitäten:

- Feuer und Flamme-Weg: 12,4 Kilometer, *dasbergische.de/tour/feuer-flammeweg-streifzug-11*
- Fachwerkroute: *dasbergische.de/tour/fachwerk-route*

Websites:

- *heimatverein-bergneustadt.de*
- *bergneustadt-tourismus.de*

HINWEIS: Ein Spaziergang in Bergneustadt lässt sich gut mit einem Besuch im Affen und Vogelpark Reichshof Eckenhagen verbinden, siehe Tipp 6.

4 Freilichtmuseum Lindlar

ZEITREISE INS OBERBERGISCHE LEBEN DES 19. JAHRHUNDERTS

Wie war das Leben im frühen 19. Jahrhundert im Bergischen? Womit verdienten die Menschen neben der Landwirtschaft ihr Geld? Wie waren die Anfänge der Industrialisierung in dieser ländlichen Region? Damit beschäftigt sich das LVR-Freilichtmuseum Lindlar. Perfekt verbinden lässt sich ein Besuch mit einer Tour auf dem Sagenweg, wo Schlösser und Zwergenhöhle warten.

Esszimmer im Wohnhaus Gut Dahl

Auf dem Hof Peters im LVR-Freilichtmuseum Lindlar duftet es wunderbar. Eine Suppe steht auf dem Ofen und lockt so manchen Besucher an. Die Hauswirtschafterin ist gerade dabei, aus der letzten Ernte eine schmackhafte Mahlzeit zu bereiten. Vor der Tür steht ein Regal mit frisch geerntetem Gemüse, das für ein kleines Entgelt käuflich erworben werden kann. Wer in die Küche hinein schaut, wird feststellen, dass hier alles noch aussieht wie vor gut 60 Jahren.

Im Jahr 1998 eröffnete hier eines der jüngsten Freilichtmuseen Deutschlands, inzwischen lassen sich auf 25 Hektar Fläche typisch bergische Häuser von 1800 bis 1960, Landwirtschaft und Handwerk wie vor 100 Jahren und auch Arbeitsmaterialien aus einer anderen Zeit entdecken.

Die Gebäude des Freilichtmuseums wurden aus ihrer alten Umgebung gerettet und originalgetreu auf dem Gelände in Lindlar in kleinen Siedlungen wieder aufgebaut.

In der Bandweberei

In fast allen Häusern werden regelmäßig Handwerkstätigkeiten präsentiert. So kann dem Schmied, Bäcker, Landwirt oder Bandweber über die Schulter geschaut werden. Wer möchte, kann auch selbst anpacken. Am Hof zum Eigen wird zum Beispiel erläutert, wie Fachwerkhäuser entstehen. Wer möchte, kann dies direkt vor Ort einmal selbst ausprobieren.

Die Lumpenreißerei

Pflügen wie im 19. Jahrhundert

Typisch Bergisch sind auch der Müllershammer und die Lumpenreißerei – die Dauerausstellung behandelt auch das Thema „Wegwerfgesellschaft" und schlägt damit eine Brücke in die Gegenwart.

Seit dem Jahr 1998, als das Museum eröffnet wurde, wurden umfangreiche Aufforstungsprojekte in der Landschaft durchgeführt und es gibt hier zahlreiche Initiativen zum Anbau alter Pflanzensorten. Verschiedene Arten von Haus- und Nutztieren haben hier ein Zuhause gefunden.

Ein toller Blick auf das Freilichtmuseum Lindlar bietet sich von der Kapelle Hellenthal, welche mit einem Besuch im Forsthaus Broichen verbunden werden kann. Dort gibt es eine spannende Ausstellung zum Thema „Klima Wald Holz". Wer nach dem Aufstieg Hunger bekommt, kehrt ein im Lingenbacher Hof im Tal, eine rekonstruierte Gaststätte, die im Sommer auch über einen Biergarten und eine Terrasse verfügt.

Für einen Besuch im Freilichtmuseum sollte man mindestens drei bis vier Stunden einplanen. Vielleicht verbunden mit einem besonderen Ereignis wie dem Obstwiesenfest oder dem Bauernmarkt?

Unterwegs auf dem Sagenweg

Nur wenige Kilometer entfernt vom Museum verläuft der Sagenweg durch das Bergische Land. Mit einer Länge von 14 Kilometern und einer Höhendifferenz von knapp 400 Metern gehört er schon zu einer der anspruchsvollen Runden durch Bergische Wälder. Die Region um Lindlar ist leider auch vom Baumsterben aufgrund von Dürre und Borkenkäferplage betroffen, Teile der Wanderstrecke gleichen deshalb oft einer Mondlandschaft. Das sollte jedoch nicht vom Wandern abhalten, denn die Strecke hat viel zu bieten!

Der Weg führt vorbei am Scheelbach und der historischen Scheeler Mühle. Nur wenige Schritte später kommt das erste sagenhafte Highlight der Strecke: Die Ruine der verwunschenen Wasserburg Eibach. Hier lädt eine Bank zum kurzen Verweilen ein.

Wasserburg Eibach

Schloss Gimborn

Durch das Leppetal führt die Wanderung weiter zum Schloss Gimborn. Das Schloss ist noch heute im Besitz der Freiherren von Fürstenberg zu Gimborn. Im Schlosshotel gibt es ein Restaurant, in dem eine Einkehr möglich ist. Kraft tanken ist hier wichtig, denn nun geht es bergauf bis auf eine Höhe von 376 Metern.

Auf dem Weg hinauf liegt das Forsthaus Kümmel, welches ein wenig an ein altes Haus aus den Geschichten der Gebrüder Grimm erinnert. Auch das Wegekreuz am St. Maternus-Pilgerweg wirkt mystisch und passt perfekt auf den Sagenweg, obwohl es nur den Weg nach Köln zeigen soll.

Blick auf Lindlar-Frielingsdorf

Mit einem tollen Ausblick geht der Weg auf der Höhe weiter zur mittelalterlichen Burgruine Neuenberg. Inmitten des Laubwaldes wirkt der ehemalige Verwaltungssitz des Amtes Steinbach wie ein verwunschenes Schloss, das nur durch Magie wieder zum Leben erweckt werden muss. Heute lassen sich vom Adelsgut nur noch ein Burgwall und ein paar Ruinenreste erkennen, in denen es sich aber im Sommer wunderschön picknicken lässt.

Das nächste Highlight des Sagenwegs lässt mit der Zwergenhöhle nicht lange auf sich warten. Die Zwerge sind zwar meist nicht daheim, die Legende der Zwerge, die der Burgfrau von Neuenberg bei einem Streit behilflich waren, ist in der Region jedoch sehr bekannt und wird oft bei geführten Wanderungen erzählt. Bei dem die Runde abschließenden Weg durch Scheel lohnt sich ein Blick in die Vorgärten. Auch hier sind die einen oder anderen mystischen Gestalten zu finden.

Zwergenhöhle auf dem Sagenweg

Info

Lage: Lindlar befindet sich rund 35 Kilometer nordöstlich von Köln.

Adressen:

- LVR Freilichtmuseum Lindlar: Heiligenhoven 16a, 51789 Lindlar
- Startpunkt Sagenwanderweg (Rundweg, Länge 14,4 Kilometer, 310 Höhenmeter): Wanderparkplatz Carl-Hasselbeck-Straße, 51789 Lindlar

Websites:

- *freilichtmuseum-lindlar.lvr.de*
- *dasbergische.de/tour/sagenweg*

5 :metabolon

FREIZEITERLEBNIS MIT BILDUNGSAUFTRAG

Wer verbringt seine Freizeit schon gerne auf einer Mülldeponie? Beim :metabolon sollte man aber eine Ausnahme machen. An der Leppe-Deponie bei Lindlar ist ein Innovationsstandort mit einem überraschend abwechslungs- und lehrreichen Freizeitangebot entstanden, das sieben Tage die Woche kostenfrei besucht werden kann.

Schrotti begrüßt am Eingang des :metabolon

Schon Platon wusste, dass es eine Kunst ist, „Verdorbenes in Wertvolles" umzuwandeln. Beim :metabolon ist da der Name (Metabolismus = Stoffumwandlung) Programm. Bis 2010 wurde an der ehemaligen Leppe-Deponie lediglich Abfall gesammelt, vergraben und aufgeschichtet. Das geplante Ende der Deponietätigkeit wurde zum Anlass genommen, den Standort nicht zu schließen, sondern zu einem Kompetenzzentrum für Stoffumwandlung auszubauen und mit der Forschung zur stofflichen und energetischen Umwandlung der Abfälle zu betrauen. Der Reststoff soll zum Wertstoff umgewandelt werden. Dabei wird am :metabolon die Idee der „zirkulären Wertschöpfung" umgesetzt, im Rahmen derer eine ganzheitliche Betrachtung der Prozessketten zugrunde gelegt wird.

Die Projektverantwortlichen bewegen sich jedoch nicht im abgeschlossenen wissenschaftlichen Elfenbeinturm, sondern haben das Projekt zu einem außerschulischen Lernort weiterentwickelt. Hier können Kinder, Jugendliche und Erwachsene durch aktives und spielerisches Lernen ihr Wissen zu den Themenbereichen Abfallvermeidung, Recycling und regenerative Energien erweitern.

Blick auf die Recyclingachse

Abgerundet wird das Angebot des :metabolon durch attraktive und vielfältige Freizeitaktivitäten, die jährlich von etwa 50.000 Personen besucht werden. Ein echtes Highlight ist dabei die längste Doppelrutsche Deutschlands, auf der die Besucher (ab acht Jahren) von der Spitze des aufgeschütteten Deponiebergs 110 Meter auf Matten hinuntersausen können.

Blick von der Panoramaplattform

Doch vor der Abfahrt wartet bekanntlich der Aufstieg. Hierbei startet der Besucher unweit des Eingangs an der „Recyclingachse", die mit 360 den Kreislauf der zirkulären Wertschöpfung repräsentierenden Stufen zur Panoramaplattform hinaufführt. Neben dem Eingang zur Doppelrutsche und mehreren kleinen Trampolinen erwartet den Besucher hier oben ein eindrucksvoller Rundumblick über das Bergische Land. Übrigens: für Kinder ab drei Jahren gibt es eine weitere geschwungene Rutsche am Auslauf der Doppelrutsche.

Doch damit ist noch nicht Schluss mit den Freizeitangeboten auf dem Gelände des :metabolon. Für Mountainbiker und BMX-Radler steht bei gutem Wetter kostenfrei der deutschlandweit erste asphaltierte Pumptrack mit zahlreichen Bodenwellen und Steilkurven zur Verfügung. Und auch Golfer kommen nicht zu kurz: Quer über das :metabolon-Gelände erstreckt sich ein Crossgolf-Parcours, der mit ungewöhnlichen Abschlagspunkten bei atemberaubender Aussicht aufwartet und – ebenso wie eine Segway-Tour – auf Anfrage genutzt bzw. gebucht werden kann.

Auch für Wanderer ist das :metabolon eine gute Adresse. Auf dem Gelände befindet sich ein vier Kilometer langer Energielehrpfad (Rundweg), auf dem der Kompostwurm „Leppel" kindgerecht die Entstehung und Nutzung von Energie erklärt.

Wer nach den zahlreichen Aktivitäten auf dem Gelände des :metabolon die Ereignisse ganz entspannt und mit einem tollen Ausblick Revue passieren lassen möchte, der muss ein bisschen Glück haben, dass die palmengesäumte Liegeschaukel auf halbem Weg der Recyclingachse noch nicht besetzt ist.

Liegeschaukel

Übrigens: Wer Informationsbedarf zum Thema Energiesparen und energetische Sanierung hat, dem sei der Besuch des Bergischen Energiekompetenzzentrums am Eingang des :metabolon ans Herz gelegt.

Info

Lage: Lindlar liegt etwa 35 Kilometer nordöstlich von Köln. Das :metabolon befindet sich etwa sechs Kilometer östlich des Gemeindezentrums von Lindlar.

Adresse: :metabolon, Am Berkebach, 51789 Lindlar

Aktivitäten:

- Öffentliche Führungen: auf Anfrage
- Besichtigung des historischen Ortskerns von Lindlar
- Wanderweg Zeitreise in Lindlar: 14 Kilometer, Informationen (inkl. GPX-Download) und weitere Wanderwege in der Umgebung von Lindlar: *lindlar-touristik.de/sport-freizeit/wandern.html*
- Besuch des LVR Freilichtmuseums in Lindlar, siehe Tipp 4

Website: *bavweb.de/-metabolon*

6 Affen- und Vogelpark Eckenhagen

ZWISCHEN HEXENHÄUSERN UND EXOTISCHEN TIEREN

Eines der beliebtesten Ausflugsziele für Familien im Oberbergischen ist der Affen- und Vogelpark Eckenhagen. Der Park lockt vor allem Familien in die Region.

Seit 1981 sind im oberbergischen Eckenhagen zahlreiche bunte Vögel und freche Affen zu Hause. Mittlerweile ist der Affen- und Vogelpark Eckenhagen jedoch mehr als eine Heimat für exotische Tiere. Spannende Themengärten führen durch fremde Welten und bieten nicht nur jungen Gästen einen Tag voller Abenteuer!

Neben einer Allwetter-Indoor-Erlebnishalle gibt es auch im Außenbereich zahlreiche Spielplätze sowie zwei familientaugliche Achterbahnen. Die Parkanlage entstand vor über 40 Jahren auf dem Gelände des Bergischen Kirchengut Wiedenhof. In den letzten Jahren sind zahlreiche Attraktionen rund um die Vögel hinzugekommen. So gibt es inzwischen sieben Freiflughallen, in denen man zahlreichen Vogelarten wie Sittichen, Eulen und Fasanen in passender Umgebung ganz nah kommen kann.

Auch für die ganz Kleinen gibt es etwas zu entdecken. In dem Bergischen Tierpark leben neben Vögeln und Affen unter anderem Kängurus, Nasenbären, Erdmännchen und Emus. Im Erlebnisbauernhof, kurz hinter dem Haupteingang, befindet sich ein Streichelzoo mit immer hungrigen Ziegen und Schafen.

Zu Besuch im Berberaffental

Einmalig in NRW sind auch der Totenkopfaffenwald und das Berberaffental. Hier können Besucher des Parks in das große Gehege der Affen eintreten. Doch Vorsicht: Die meisten Affen lieben die Mitbringsel ihrer Gäste. Deshalb ist es empfehlswert, das eigene Hab und Gut vorher besser gut zu verstauen und das vorab gekaufte Futter gut zu sichern!

Die Affen sind sehr zutraulich

Für das leibliche Wohl vor Ort sorgen gleich drei Restaurants. Für alle Selbstversorger gibt es noch eine weitere Besonderheit. Im Park können kostenfrei Grillhütten reserviert werden. Hier steht einem entspannten Nachmittag mit der Familie nichts mehr im Wege.

Info

Lage: Reichshof-Eckenhagen liegt etwa 60 Kilometer östlich von Köln und etwa 32 Kilometer nordwestlich von Siegen.

Adresse: Affen- und Vogelpark Eckenhagen, Am Bromberg 6, 51580 Reichshof-Eckenhagen

Website: *affen-und-vogelpark.de*

7 Zwischen Mufflons und Stalaktiten

EIN AUSFLUG NACH WIEHL

Wiehl im Oberbergischen Kreis ist ein lebhafter Ort, der abseits der betriebsamen Landesstraße 336 einige besondere Attraktionen bietet. Die ehemalige Erzbergbaustadt ist der ideale Ort für Erkundungen im Oberbergischen Land.

Mit einem Rundgang durch die Altstadt von Wiehl beginnt ein spannender Tag in der oberbergischen Stadt. Entlang des gleichnamigen Flusses Wiehl lässt sich die Schönheit des Ortes erkennen. Markantester Punkt im Stadtbild ist die Evangelische Kirche mit dem 56 Meter hohen Kirchturm. Das Gotteshaus stammt aus dem späten Mittelalter – eine Kirche stand hier schon um 700 n. Chr. Umgeben ist sie heute von neuen und alten Fachwerkhäusern mit typisch bergischen grünen Fensterläden. Die Mühlenbrücke über die Wiehl wurde im 17. Jahrhundert erbaut und bietet einen Blickfang für schöne Fotomotive. Am Fontänenfeld spielen im Sommer die Kinder und chillen Jugendliche auf den Treppen hinunter zum Fluss. Im Wiehlpark lässt es sich rund um das Seecafé entspannen, auch an Kinder und Jugendliche ist mit einem Erlebnisspielplatz, Minigolf und einer Skaterbahn gedacht.

Mühlenbrücke

Übrigens: Mit der App DigiWalk kann man sich im Zentrum von Wiehl 14 wichtige Orte zeigen und erklären lassen. Ob das historische Rathaus oder der Kurpark, auf dem spannenden Stadtrundgang erfahren interessierte Gäste so einiges zur Gemeinde.

Nicht nur an Schlechtwettertagen lohnt sich in Wiehl ein Besuch im Museum Achse, Rad und Wagen, welches sich außerhalb des Stadtzentrums befindet. Die Bergische Achsen AG, ansässig in Wiehl, hat hier ein spannendes Museum zu historischen und modernen Achsen eröffnet, das nicht nur die Entwicklung der Technik im Bergischen, sondern weltweit erläutert. Dabei geht es auf Zeitreise bis zurück in die Antike. Im Außenbereich lassen sich Wagenremisen und eine Schmiede bestaunen. Ein Besuch ist recht kurzweilig und vor allem für Technikinteressierte spannend.

Tropfsteinhöhle

Die bekannteste Attraktion in Wiehl ist die Wiehler Tropfsteinhöhle. Im Jahr 1860 wurde sie bei Sprengungen für das Erzbergwerk eher zufällig entdeckt, anfangs als Lagerfläche für Geröll genutzt und 1927 für Besichtigungen freigegeben. Bis zu 30 Meter in die Tiefe gelangt man bei einer Führung durch die 1500 Meter langen Höhlengänge. Das Gebilde ist eine geologische Besonderheit, denn solche Kalksteinvorkommen sind inmitten der sonst im Bergischen üblichen Sandsteine- und Tonschiefervorkommen selten. In der Urzeit befand sich in Wiehl ein sogenanntes Devonmeer. Hier entstand ein Korallenriff, die organischen Substanzen verschwanden mit dem Wasser und die Hartteile versteinerten sich. Es entstanden Stalagmiten und Stalaktiten in verschiedenen Formen und Farben. Auf dem Rundgang durch die Tropfsteinhöhle, der etwa 45 Minuten dauert, ist vor allem der Besuch der Kristallgrotte mit ihren Kalzitkristallen ein besonderes Erlebnis. Hier kann auch 30 Meter unter der Erdoberfläche geheiratet werden.

Reh im Wildpark

Oberhalb der Tropfsteinhöhle befindet sich der Wildpark Wiehl, der bei Familien beliebt ist. Neben einem groß angelegten Waldgebiet, das seit Mai 2022 auch einen spannenden Waldklimapfad mit dem Schwerpunkt Ökosystem Wald besitzt, sind hier in verschiedenen Gehegen Wildschweine, Rehe

Wildschweine

und Mufflons zu Hause. Das Gelände ist rund um die Uhr geöffnet. Die Mufflons und Sikahirsche stehen häufig neugierig in ihren Gehegen und beobachten mit sicherem Abstand die zahlreichen Gäste. Ein wenig scheuer als das Rehwild sind die Wildschweine. Wer einen Blick auf die Paarhufer werfen möchte, dem sei ein Besuch am Sonntagmorgen empfohlen. Dann werden die Tiere im Wildpark gefüttert und zeigen sich auch an den Futtertrögen, die gut einsehbar sind.

Die Stadt Wiehl besteht nicht nur aus dem Stadtzentrum, sondern hat eine weitere Besonderheit: Sie verfügt über 51 Stadtteile, die oft nur aus kleinen Siedlungen mit weniger als 100 Einwohnern bestehen. Hier ist vor allem Bielstein zu erwähnen, wo sich eine Motocross-Rennstrecke befindet, auf der regelmäßig Rennen stattfinden.

Info

Lage: Wiehl liegt etwa 50 Kilometer östlich von Köln.

Link zur App DigiWalk: *wiehl.de/tourismus/freizeit-highlights/stadtrundgang*

Aktivitäten:

- Wiehler Tropfsteinhöhle: Die Tropfsteinhöhle befindet sich direkt neben dem Waldhotel Wiehl, wo es auch eine Einkehrmöglichkeit gibt; Pfaffenberg 1, 51674 Wiehl, *waldhotel-wiehl.de/tropfsteinhoehle*
- Museum Achse Rad und Wagen: Ohlerhammer, 51674 Wiehl, *achseradwagen.de*

HINWEIS: Ein Besuch in Wiehl lässt sich gut mit einem Abstecher zum Schloss Homburg nach Nümbrecht kombinieren, siehe Tipp 9.

Das Bergische zu Fuß erleben

Wandern im Bergischen

Sanft geschwungene Hügel, Wiesen, Wälder und abgelegene Täler mit rauschenden Bächen, Talsperren und kleine Dörfer mit idyllischen Gassen und Fachwerkhäusern – das ist das Bergische Land. Was gibt es Schöneres, als diese Landschaft zu Fuß zu erkunden? Der Fernwanderweg „Bergischer Weg" und die 25 Bergischen Streifzüge bieten dazu Gelegenheit.

Auf 259 Kilometern in 14 Etappen führt der Fernwanderweg „Bergischer Weg" vom Baldeneysee in Essen bis ins Siebengebirge nach Königswinter am Rhein und schafft damit die einmalige Verbindung zwischen den das Land NRW prägenden Kulturlandschaften Bergisches Land, Ruhrgebiet, Sauerland und Rheinland. Spannende Museen, historische Schlösser und Burgen, alte Schleifkotten und Mühlen säumen den Weg und lassen die Geschichte und Kultur der Region lebendig werden. Dabei begleiten die Wandernden immer wieder malerische Ausblicke über die Höhenzüge des Bergischen Landes. Der Bergische Weg trägt damit verdient das Siegel „Qualitätsweg Wanderbares Deutschland" des Deutschen Wanderverbandes, das er in der Folge bereits zum vierten Mal erhalten hat.

Die 25 Streifzüge locken als attraktive Themenwanderwege – überwiegend Rundwanderwege – die zwischen 4-16 Kilometer lang sind und historische, naturkundliche, technische oder literarische Themen erlebbar machen. Infotafeln sowie Erlebnis- und Audiostationen sorgen für ein kurzweiliges Entdecken der bergischen Natur- und Kulturlandschaft. Sechs Touren wurden als Familienwege entwickelt, wo die „Fernseh-Maus" die Kinder begleitet und somit auch die Kleinen Spaß am Wandern bekommen. Lauschen Sie am Waldmythenweg Robin Hood, erfahren Sie Geschichten zum Leben der Fuhrmänner am Fuhrmannsweg oder hören Sie Lieder und Gedichte zum Obst am Leichlinger Obstweg. Heinrich Bölls Zeit im Bergischen Land, 2000 Jahre Bergbau, das Leben der Steinhauer oder das typische Fachwerk der Region sind nur einige regionale Themen, die Klein und Groß begeistern.

Blick auf den Förderturm Lüderich

Möchten Sie sich vor Ort kostenlos standortspezifische Anregungen zu Freizeitmöglichkeiten holen? Dann nutzen Sie die mobile Erlebnisapp des Bergischen – ein Reiseführer für die Hosentasche. Sehenswürdigkeiten, Wanderrouten, Unterkünfte, Gastronomiebetriebe und Veranstaltungen der Region - alles in einer App. Und sollten Sie auf Ihrer Wanderung mal eine fehlende Markierung, einen umgefallenen Baum oder Spuren von Vandalismus entdecken, können Sie über den integrierten Tourinspektor direkt an das zentrale Wegemanagement des Naturparks Bergisches Land übermitteln.

8 Wiehl-Bielstein

AUF DEM WEG IST DAS BIER

Es gibt in Deutschland sicherlich Regionen, die eher mit der Hopfenkaltschale in Verbindung gebracht werden als das Bergische Land. Dennoch gibt es hier einen Pilgerpfad, der dem kühlen Blonden (oder auch Dunklen) huldigt – der Bergische Streifzug „Bierweg“, der im Brauort Bielstein Start und Ziel hat.

25 Bergische Streifzüge gibt es im Bergischen Wanderland. Dabei handelt es sich um Themenwanderwege, meist als Rundwanderung angelegt, die zwischen vier und 16 Kilometer lang sind. Auf Informationstafeln und an Erlebnisstationen erfährt man Spannendes über Natur, Geschichte und Kultur der Region.

Eher überraschend erscheint dabei der Streifzug mit der Nr. 17, der sich der Bierbraukunst widmet, denn das Bergische Land ist nicht unbedingt weltbekannt für seine Braukunst. Aber immerhin, in Wiehl-Bielstein gibt es eine Brauerei, die für sich in Anspruch nimmt, die „höchstgelegene Kölsch-Brauerei der Welt" zu sein. Grund genug, den Bierweg, der unweit der Brauerei am Busbahnhof in der Bielsteiner Ortsmitte startet, in Augenschein zu nehmen.

Die insgesamt sieben Informationstafeln auf dem 13,4 Kilometer langen Rundweg erläutern, wie Bier hergestellt wird, vermitteln Wissen zur Geschichte des Gerstensaftes, den Inhaltsstoffen von Bier (Hopfen, Malz, Hefe und Wasser) und deren Wirkung sowie zu Lagerung und Haltbarkeit von Bier. Und man erfährt auch, warum Wiehl-Bielstein der richtige Ort für Start und Ziel des Bierwegs ist. Denn schließlich wird hier bereits seit dem Jahr 1900 Bier gebraut, wenn auch aus der Not geboren, denn der Ursprung der Brauerei lag in einer örtlich ansässigen Spinnerei, die in eine wirtschaftliche Schieflage geriet. Einer der Inhaber wagte mit 50 Jahren und den vorhandenen finanziellen Reserven einen Neuanfang und wandelte die Spinnerei in die Adler Brauerei GmbH um.

Informationstafel auf dem Bierweg

Bergische Idylle mit Blick auf Linden

Folgt man den Streckenzeichen mit der Nr. 17 im Uhrzeigersinn, wandert man nach dem Verlassen von Bielstein zunächst in südlicher Richtung über die Ortschaften Linden, Hengstenberg und Faulmert. Etwas nördlich von Krahm erreicht man bei 327 Meter über NN den höchsten Punkt der Wanderung, anschließend geht es durch eine typisch Bergische Landschaft kontinuierlich bergab, bis nach etwas mehr als elf Kilometern wieder der Ortsrand von Bielstein sichtbar wird.

Bergisches Stillleben

Einkehrmöglichkeiten unterwegs sucht man leider vergeblich, allerdings erreicht man kurz vor dem Ziel der Wanderung die Erzquell-Brauerei. Dort sind zu festen Terminen klassische Brauereibesichtigungen mit Verkostung und einem kleinen Imbiss sowie unregelmäßig Event-Brauereiführungen möglich.

Wer schon unterwegs auf das Bier nicht verzichten möchte, der hat seit dem Sommer 2022 die Möglichkeit, eine oder mehrere von fünf Zunft-Bierhöhlen zu buchen, die vom ortsansässigen Gasthaus Kranenberg mit 15 Flaschen gefüllt werden, die durch die Einbautiefe der Bierhöhlen auch ausreichend gekühlt bleiben. Allerdings ist dieser Service aufgrund der Biermenge dann doch eher etwas für „biergesellige" Wandergruppen und weniger für Einzelwanderer geeignet.

Die Erzquell-Brauerei

Info

Lage: Wiehl-Bielstein liegt etwa 42 Kilometer östlich von Köln.

Adresse: Start und Ziel des Bierwegs (Bergischer Streifzug Nr. 17): Busbahnhof Wiehl-Bielstein, Schlanderser Straße, 51674 Wiehl

Aktivitäten:

- Brauereiführung in der Erzquell Brauerei Bielstein, Bielsteiner Straße 108, 51674 Wiehl, *erzquell.de/erlebnisse-in-der-brauerei/brauereibesichtigungen-bielstein*
- Fahrt mit dem Dampfzug „Bergischer Löwe" auf der denkmalgeschützten Wiehltalbahn, *eisenbahnmuseum-dieringhausen.de/fahrplaene*
- Besuch des Museums Achse, Rad und Wagen: Ohlerhammer, 51674 Wiehl, *achseradwagen.de*
- Besuch der Wiehler Tropfsteinhöhle, siehe Tipp 7

Einkehren:

- Haus Kranenberg: mit „Kölsch-Oberbergischer Küche", gleichzeitig Brauereiausschank der Erzquell-Brauerei, Bielsteiner Straße 92, 51674 Wiehl

Website: *bergisches-wanderland.de/tour/bierweg-streifzug-17*

9 Nümbrecht

ADLIGE MOMENTE IM SCHLOSS HOMBURG

Hoch oben auf einem Hügel leuchtet es in einem satten Gelb – das Schloss Homburg. Schon im Jahr 1276 wurde es erstmals urkundlich erwähnt und war damals noch eine Höhenburg mit Verteidigungsanlage.

Über dem idyllischen Fachwerkort Nümbrecht ragt ein imposantes Schloss. Es ist der Hauptort der „Homburger Herrlichkeit" und Zeichen der Rebellion der Grafen von Sayn.

Das heutige Schloss mit zahlreichen Barockelementen stammt in seiner Form aus dem 17. Jahrhundert, als das „Homburger Ländchen" im Bergischen nur noch aus den beiden Orten Wiehl und Nümbrecht bestand. Ein Forsthaus, das Rote Haus sowie die historische Mühle und Bäckerei gehören ebenfalls zum Herrschaftssitz. Schloss Homburg war der Rückzugsort der Grafen von Sayn-Wittgenstein-Homburg. Als die Linie des Adelsgeschlechts ausstarb, verfiel Schloss Homburg in einen Dornröschenschlaf.

1926 beschloss der Bergische Geschichtsverein in den Räumlichkeiten des Schlosses ein Heimatmuseum zu gründen. Etwa 100 Jahre später ist aus der kleinen Sammlung rund um Nümbrecht und die Grafen von

Schloss Homburg

Sayn-Wittgenstein-Homburg ein umfangreiches kulturhistorisches Museum mit Schwerpunkt auf Bürgertum und Feudalwesen entstanden.

Der Besuch im Schloss Homburg bietet eine spannende Zeitreise in die Vergangenheit. Beim Rundgang durch das Schloss bekommt man Einblicke in die Geschichte der Grafen von Sayn-Wittgenstein-Homburg und einen Eindruck der adligen Lebenswelt des 18. Jahrhunderts. Die Besucher werden im Museum ebenso in die Zeit der französischen Besatzung entführt, in die bürgerliche Welt des Biedermeier und erfahren mehr über die Industrialisierung im viktorianischen Zeitalter. Wer möchte, kann von den Räumen des Museums aus einen Abstecher ins Dachgeschoss machen, von wo sich ein toller Blick auf das Schlossgelände bietet.

Ritterrüstung

Mittelalterliche Küche

Egal ob Landwirtschaft oder Holzverarbeitung, ob Uhrmacher oder Textilverarbeitung – im Schloss bekommt jeder Gast einen Eindruck von den Arbeitswelten in den typischen Handwerksberufen im (Ober-)Bergischen Land. Ein absolutes Highlight des Rundganges ist die mittelalterliche Burgküche mit einem mächtigen Rauchfang im Keller des Schlosses. Hier schließt sich der Kreis wieder in Richtung Gegenwart. Denn hier haben 1973 Willy Brandt und Leonid Breschnew, anlässlich der Unterzeichnung der Ostverträge, getafelt und oberbergischen Spießbraten gegessen.

Auch naturkundlich lässt sich auf dem Schlossgelände so einiges entdecken. Im alten Forsthaus befindet sich die naturhistorische Dauerausstellung mit spannenden Infos zu Flora und Fauna im Bergischen Land. Bei schönem Wetter ist ein Spaziergang im Garten von Schloss Homburg sehr empfehlenswert.

Regelmäßig werden in der Museumswerkstatt spannende Workshops für Jung und Alt angeboten. Ob „After Work Art", „Kaffeeklatsch" oder „Ferienfreizeit", für jede Altersstufe ist etwas dabei. Auch das 2014 neu errichtete Forum bietet Platz für spannende Veranstaltungen in Nümbrecht. Hier finden Lesungen, Konzerte und Tagungen statt.

Ausgehend vom Roten Haus, der Biologischen Station Oberberg, gibt es rund um Schloss Homburg drei spannende Naturerlebnispfade, die sich ideal auch mit Kindern erleben lassen. Die passenden Materialien können im Roten Haus gegen ein kleines Entgelt ausgeliehen werden.

Kein Besuch im Bergischen ohne eine kleine Wanderung. Der Bergische Klangpfad ist eine besondere Empfehlung für den Frühling. Wenn die Natur erwacht, zwitschern auf der knapp sechs Kilometer langen Tour zahlreiche Singvögel um die Wette. Neben einigen Mitmachstationen gibt es auch sechs spannende Tafeln mit zahlreichen Informationen. Das Highlight des Rundweges ist der Nümbrechter Aussichtsturm „Auf dem Lindchen". Hier können Wanderer bei klarer Sicht bis hin zum Rhein und zum Sieben- und Rothaargebirge schauen. Dafür müssen nur 154 Stufen bis zur Aussichtsplattform gemeistert werden. Im Anschluss kann man sich im Café Fuchs und Igel als Belohnung ein Stück Kuchen und den passenden Kaffee gönnen.

Aussichtsturm

Info

Lage: Nümbrecht liegt etwa 48 Kilometer östlich von Köln.

Adresse: Schloss Homburg, 51588 Nümbrecht

Websites:

- *schloss-homburg.de*
- *biostationoberberg.de*
- *bergisches-wanderland.de/bergische-streifzuege/alle-streifzuege/21-klangpfad-nuembrecht-61-km*

HINWEIS: Die Tour zu Schloss Homburg lässt sich sehr gut mit den Erlebnissen in Wiehl (Tipps 7 und 8) kombinieren.

10 Panarbora

HIER STAUNT DER GOTT DES WALDES

Den Wald und die Natur aus einer anderen Perspektive erleben. Das ermöglicht der Naturerlebnispark Panarbora in Waldbröl mit seinem Baumwipfelpfad, dem eindrucksvollen Aussichtsturm und vielen weiteren Attraktionen sowie außergewöhnlichen Übernachtungsmöglichkeiten.

Der Aussichtsturm des Panarbora

Der Ausblick ist überwältigend, wenn die obere Plattform des Aussichtsturms in einer Höhe von 34 Metern erreicht ist. Ein Rundumblick über das Bergische Land, der seinesgleichen sucht. Der Aussichtsturm ist das Prunkstück und der im wahrsten Sinne des Wortes krönende Abschluss des im Herbst 2015 auf einem ehemaligen Bundeswehrgelände eröffneten Naturerlebnisparks Panarbora. Namenspaten für den Park sind „Pan", der griechische Gott des Waldes und der Natur, sowie natürlich der wichtigste Protagonist im Wald, der Baum unter seinem lateinischen Namen „Arbor".

Der Start in das Abenteuer Panarbora ist eine Rundwanderung über den inklusive Turmbesteigung 1635 Meter langen Baumwipfelpfad. Auf zwei Ebenen führt dieser durch den Nutscheidwald, mit einer Fläche von rund 1500 Hektar eines der größten zusammenhängenden Waldgebiete des Bergischen Landes. Die Wanderung auf dem Baumwipfelpfad ist barrierefrei auf einer Höhe von maximal 23 Metern angelegt und vermittelt an sechs interaktiven Lern- und Erlebnisstationen Wissenswertes über den Wald und die Natur des Bergischen Landes.

Der Besucher lernt verschiedene Waldtypen kennen, erfährt, welche Tiere tagsüber und nachts im Wald aktiv sind und auch, welche wichtige Rolle Totholz im Wald spielt. An drei weiteren Stationen wird die Rolle des Menschen im Wald unter die Lupe genommen. Es wird gezeigt, dass Holz ein außergewöhnlicher und vielseitiger Rohstoff ist, wie die Niederwaldwirtschaft im 19. Jahrhundert das Erscheinungsbild des Bergischen Landes beeinflusst hat und welchen Wandel das Bergische Land im Laufe der Jahrhunderte insbesondere durch Menschenhand durchlaufen hat.

Eine Lern- und Erlebnisstation

Die Informationen an den Lern- und Erlebnisstationen sind auch für Kinder unterhaltsam verpackt, zum Beispiel über Memory-Spiele und Puzzles. Unterwegs bieten sich spannende Einblicke in die Baumkronen, die einem beim Wandern durch den Wald eher verborgen bleiben, und über Aussichtsplattformen schweift der Blick weit über das Bergische Land.

Am Ende des Rundweges ist der Aussichtsturm wieder erreicht und mit moderaten Steigungen geht es Runde für Runde bergauf. Unterwegs lohnt immer wieder der Blick auf Infotafeln mit einem Höhen-Quiz. So wird es auch für die kleinen Besucher nicht langweilig, bis die Aussichtsplattform erreicht ist: was für ein Panorama! Neben dem 360-Grad-Rundblick fällt in der Mitte der Aussichtsplattform ein abgeschnittener Baumstamm ins Auge. Alt ist er geworden, der Baum, und was er dabei im Laufe seines Lebens im Bergischen Land erlebt hat, darüber informieren zehn Infotafeln, die rund um den Stamm angebracht sind.

Blick vom Baumwipfelpfad in das Bergische Land

Doch der Naturerlebnispark Panarbora hat noch mehr zu bieten. Da gibt es einen Sinnesrundweg mit Barfußpfad, Sprunggrube und Balancierseilen, einen Kräutergarten, der in Hochbeeten die Vielfalt der europäischen Kräuterwelt präsentiert, ein Kleintiergehege, ein Feuchtraumbiotop und viele andere Attraktionen, die den Besuch im Panarbora zu einem rundum gelungenen Erlebnis werden lassen.

Wer hier nicht nur einen Tag verbringen möchte, dem bietet Panarbora mit seiner Jugendherberge auch außergewöhnliche Übernachtungsmöglichkeiten, zum Beispiel in Baumhäusern sowie in den Erlebnisdörfern Afrika, Asien und Südamerika.

Info

Lage: Waldbröl liegt etwa 55 Kilometer östlich von Köln. Der Naturerlebnispark Panarbora liegt südlich von Waldbröl, etwa fünf Autominuten vom Stadtzentrum entfernt.

Adresse: Panarbora, Nutscheidstraße 1, 51545 Waldbröl

Einkehren:

- Panarbora-Restaurant: mit wechselnden nationalen und internationalen Gerichten, Salatbar und Live-Cooking-Stationen, *panarbora.de/restaurant*

Aktivitäten:

- Wanderung auf dem Waldmythenweg (Bergischer Streifzug Nr. 23), Länge: 12,8 Kilometer, 376 Höhenmeter, Start und Ziel: Vierbuchermühle 2, 51545 Waldbröl. Der Weg führt unter anderem auch am Naturerlebnispark Panarbora vorbei. *bergisches-wanderland.de/tour/waldmythenweg-streifzug-23* (inkl. GPX-Download)
- Waldbröler Vieh- und Krammarkt: seit über 170 Jahren, alle 14 Tage donnerstags: Hochstraße, 51545 Waldbröl, *wir-fuer-waldbroel.de/vieh-und-krammarkt*

Website: *panarbora.de*

11 Waldbröl

KUSCHELN MIT BERGISCHEN RINDERN

Eine schmale Straße führt hinunter zum Neuenhähnener Hof. Wer hier zu Besuch kommt, sollte vor allem die letzten Meter sehr vorsichtig fahren. Es kann hier durchaus vorkommen, dass Laufenten oder Hühner mitten auf der Straße stehen oder dass Kater Karlo neugierig die Gäste begrüßt.

Wer durch das Bergische Land fährt oder wandert, wird Kühe an jeder Ecke sehen. Die Region war schon immer landwirtschaftlich geprägt. Während eine Vielzahl von Rindern für die Milch- und Fleischproduktion gezüchtet wird, haben die Kühe und Ochsen auf dem Neuenhähnener Hof eine ganz besondere Aufgabe: Sie dürfen kuscheln!

Der Neuenhähnener Hof ist anders. Hier gibt es keine Kuh, die Milch geben muss, hier leben zwei Alpakas bei den Hühnern und es wird keinem Hofbewohner auch nur ein Haar gekrümmt. Dieser Bauernhof liefert etwas ganz Besonderes: Nähe. Hier können Gäste nach Voranmeldung ein paar Stunden auf der Weide oder im Stall mit den Kühen und Ochsen verbringen, eine Wanderung mit Schafen oder Kühen machen oder eine Stunde bei den Hühnern sein.

Die beliebteste Aktivität auf den Neuenhähnener Hof ist jedoch das Kuhkuscheln. Allen voran die Auszeit mit Kuh Isabella – die durch ihre verschmuste und vorsichtige Art auffällt. Ich darf jedoch verraten: Auch das Ochsenkuscheln hat als Anfänger sehr viel Spaß gemacht.

Es ist schon ein besonderes Ereignis, zwischen den beeindruckend großen Ochsen Bambi und Valentino im Stall zu liegen, während draußen der Regen aufs Dach prasselt. Nur das entspannte Wiederkäuen der beiden Tiere ist dann zu hören. Die Kühe und Ochsen genießen die Nähe genauso wie ihre Gäste, oft kommt es vor, dass die riesigen Tiere die Kuscheleinheiten einfordern.

Hühnerliebe

Und spätestens dann, wenn eines der Rinder entspannt seine Augen senkt und seinen Kopf beim Kuscheln auf die Beine seiner Besucher legt, ist klar: Dies ist ein wirklich besonderer Ort. Bei schönem Wetter wird das Kuhkuscheln draußen auf der Weide angeboten, bei Regen oder zu großer Hitze im Stall.

Janett mit Bambi

Info

Lage: Waldbröl liegt etwa 55 Kilometer östlich von Köln.

Adresse: Neuenhähnener Hof, 51545 Waldbröl

Website: *sissykuhkuscheln.de*

HINWEISE:

- Die Angebote sind nur nach vorheriger Reservierung möglich.
- Ein Besuch in Wiehl und Nümbrecht (Tipps 7, 8 und 9) kann kombiniert werden.

12 Burgruine Windeck

GESCHICHTE MIT WEITBLICK

Die Burgruine Windeck hat eine besondere Vergangenheit. Schon im Jahr 1174 als Castrum Novum in Windeke wurde die heutige Ruine urkundlich erwähnt. Am besten lässt sie sich auf einer Rundwanderung auf dem Mäanderweg Sieg entdecken.

Burg Windeck

Wer Windeck und seine Burg erleben will, dem sei ein Spaziergang auf dem etwa acht Kilometer langen Mäanderweg empfohlen. Der Startpunkt ist am Bahnhof in Windeck-Schladern und lässt sich sehr gut mit öffentlichen Verkehrsmitteln erreichen. Der Bahnhof selbst ist auch schon ein sehenswertes Bauwerk, er wurde im Baustil dem ehemaligen Windecker Schloss angepasst. Hier gibt es eine gute Gelegenheit für eine Stärkung, um anschließend in Richtung Sieg-Wasserfall aufzubrechen.

Siegfall

Am Fuße der Burg Windeck befindet sich das Naturschutzgebiet Krummauel rund um den Altarm der Sieg. Die Siegaue entstand nicht etwa aufgrund eines Hochwassers, sondern durch Menschenhand Mitte des 19. Jahrhunderts. Um den Bau von zwei Eisenbahnbrücken über die kurvenreiche Sieg zu vermeiden, erfolgte ein Durchstich der Siegschleife und die Aufschüttung von Bahndämmen. Durch die Verkürzung der Sieg um etwa 2,5 Kilometer gab es nun einen Höhenunterschied: Der Siegwasserfall mit einer Höhe von rund vier Metern war geboren.

Aus der stillgelegten Siegschleife entstand ein Naturrefugium mit artenreicher Flora und Fauna, das heute Bestandteil eines Naturschutzgebietes ist und zu einem großen Teil nur von außen besichtigt werden kann. Direkt neben der Siegschleife befindet sich die ehemalige Metallwarenfabrik Elmore, in der sich heute nicht nur ein Kulturort und ein schöner Biergarten befinden, sondern auch das Besucherzentrum der Naturregion Sieg.

Wanderweg bei Burg Windeck

Von dort aus geht es weiter auf dem Erlebnisweg Sieg. Der namensgebende Fluss wird nur kurze Zeit später überquert. Wenige Kilometer weiter wird die Grenze zum Westerwald überschritten. Schon hier wird klar, welche wichtige Rolle die Grenzburg Windeck im Mittelalter gespielt hat. Auf dem Weg hinauf zur Ruine befindet sich das Museumsdorf Altwindeck. An den Wochenenden von April bis Oktober lässt sich hier ein Einblick in das Leben im Windecker Ländchen bekommen. Das kleine Dorf aus Schule, Mühle und zwei Fachwerkhäusern aus dem 17. Jahrhundert liegt direkt an der Wanderstrecke. Im Anschluss geht es steil bergauf. Ein paar Höhenmeter müssen bis zur Ruine überwunden werden. Es lohnt sich, versprochen! Der Ausblick vom Schlossberg ist traumhaft.

Wer möchte, kann auf dem Gelände der Burgruine Windeck Leonhardt von Au anrufen, einen Adligen aus dem Mittelalter. Er berichtet vom Leben auf der Burg Windeck und von den

Geschehnissen der damaligen Zeit. Burg Windeck wurde vor über 800 Jahren errichtet und war eine Zeitlang die Grenzbefestigung des Territoriums der Grafen von Berg im Südosten. Viele Angriffe musste die Burg Windeck im Laufe ihrer Geschichte abwehren, seit dem Dreißigjährigen Krieg wurde die Burgruine immer wieder angegriffen und zunehmend zerstört, bis um 1674 von der ehemals prachtvollen Burg nur noch eine Ruine übrig blieb. Die Geschichte der Burg ist auf einer Tafel auf dem Gelände nachlesbar.

Eine relativ kurze Lebenszeit hatte Schloss Windeck, das von 1860 bis 1945 an der Südostspitze der Burg stand. Bei Angriffen im Zweiten Weltkrieg wurde es zerstört und im Rahmen von Restaurierungsarbeiten in den 1960er-Jahren vollständig abgerissen. Heute erinnern nur noch Fotos an das Schloss.

Auf dem weiteren Verlauf des Mäanderwegs hinunter ins Tal bekommt man weitere Einblicke in das Naturschutzgebiet Krummauel und damit in die Siegaue. Anschließend endet die Tour in der Neuzeit, die letzten Meter wandert man entlang der Bahntrasse, die dann zurück zum Bahnhof führt.

Info

Lage: Windeck liegt etwa 55 Kilometer südöstlich von Köln.

Adresse: Startpunkt der Mäandertour ist der Bahnhof Windeck-Schladern; Schladern (Sieg), 51570 Windeck

Website: *windecker-laendchen.com*

HINWEISE:

- Das Heimatmuseum Altwindeck hat nur im Sommer geöffnet.
- Die Infotafel mit der Telefonnummer von Leonhardt von Au ist am alten Burgtor zu finden.
- Die Burg kann rund um die Uhr besichtigt werden.

13 Windeck

BERGBAU IN DER GRUBE SILBERHARDT

In NRW wurde nicht nur im Ruhrgebiet, sondern auch im Bergischen unter Tage „gebuddelt“. Vor allem entlang des Siegerländer Erzreviers, in dessen Zentrum die Grube Silberhardt liegt, wurden viele Jahrhunderte lang Edelmetalle gefördert. Wie die Arbeit unter Tage vom Mittelalter bis ins 20. Jahrhundert funktionierte? Das lässt sich in der Grube Silberhardt in Windeck entdecken.

Bergbau kann richtig spannend sein! Das beweist die Grube Silberhardt, die auf einer der regelmäßigen öffentlichen Führungen entdeckt werden kann. Neben einem kleinen Museum, einem interessanten Fuhrpark und dem Bergbauwanderweg ist es auch möglich, einen Blick in das Besucherbergwerk zu werfen.

Fundstücke aus der Grube

Bei einer zweistündigen Führung gibt ein kurzes Video einen Einblick in die Arbeit des Fördervereins und die Idee hinter dem Projekt „Grube Silberhardt". Bei der anschließenden Führung durch das Museum werden die Rohstoffe (Edelmetalle), Werkzeuge und Prozesse seit dem 12. Jahrhundert im Edelmetalle-Bergbau der Region erläutert.

Museumsräume

Für die anschließende Stollenführung durch den oberen Stollen ist es sinnvoll, sich eine Jacke mitzunehmen. Hier sind es selbst im Sommer nur acht Grad Celsius. Auch feste Schuhe werden empfohlen – der Boden ist an einigen Stellen recht uneben. Ein Cape als Tropfschutz und ein Helm werden vor Ort ausgehändigt – ohne die Kopfbedeckung betritt keiner die Grube!

Der Obere Stollen kann aktuell auf einer Länge von 270 Metern besichtigt werden. Es gibt zwar auch tiefere Gänge in der Grube, diese sind jedoch vollständig unter Wasser. Auf der rund 45-minü-

Tiefer Stollen

tigen Tour geht es durch enge Schächte und schmale Gänge hinein in das Arbeitsfeld der damaligen Bergleute. Nicht nur das schwere Handwerk wird vor Ort beleuchtet. Auch die verschiedenen Gesteinsarten, die Silberhardt so bekannt gemacht haben, lassen sich in ihrem natürlichen Terrain entdecken.

Wer vor Ort etwas ganz besonderes erleben will, der bucht ein Grubendinner unter Tage. In einem Henkelmann wird dann der Hauptgang, bestehend aus Kassler mit Sauerkraut und Kartoffeln, serviert.

Steine

Wer anschließend noch Zeit hat, sollte sich die beeindruckende Gesteinssammlung und den Fuhrpark von Grube Silberhardt anschauen. Im Besucherzentrum endet die Tour und kann mit Kaffee und Kuchen oder einem Kaltgetränk und Würstchen abgerundet werden. Auch Souvenirs aus der Grube und rund um das Thema Bergbau gibt es hier!

Der Bergbauwanderweg rund um die Grube Silberhardt kann unabhängig von einem Besuch der Grube erwandert werden. Die knapp 2,5 Kilometer lange Tour führt an der ehemaligen Grube Zwischenfeld und der Grube Prosa vorbei. An zahlreichen Haltepunkten lässt sich eine Zeitreise durch die Montantätigkeit der letzten 800 Jahre machen. Die Tour erklärt zudem, was eine Verhüttung ist und bietet einen Einblick in einen Kohlenmeiler. Wer möchte, kann bei regelmäßig stattfindenden Rundgängen auf dem Bergbauwanderweg mit Experten der Grube Silberhardt noch mehr über den Abbau von Erzen in Windeck erfahren.

Unterwegs auf dem Bergbauwanderweg

Info

Lage: Windeck liegt etwa 55 Kilometer südöstlich von Köln. Die Grube liegt in Ottershagen, etwa acht Kilometer nordöstlich von Windeck.

Adresse: Grube Silberhardt, Eisenbergstraße 29, 51570 Windeck-Ottershagen

Website: *grube-silberhardt.de*

HINWEIS: Die Grube und auch der Bergbauwanderweg sind nicht barrierefrei. Ein Besuch im Museum ist jedoch auch mit Kinderwagen oder Rollstuhl möglich.

Rheinisch-Bergischer Kreis und Leverkusen

Aussicht auf Odenthal

Rheinisch-Bergischer Kreis und Leverkusen

14. Sinneswald Leichlingen: Kunst und Natur im Murbachtal
15. Odenthal: Altenberger Dom
16. Bergisch Gladbach: Papiermühle Alte Dombach
17. Rösrath – Wahner Heide: das grüne Ausflugsziel
18. Leverkusen: Japanischer Garten

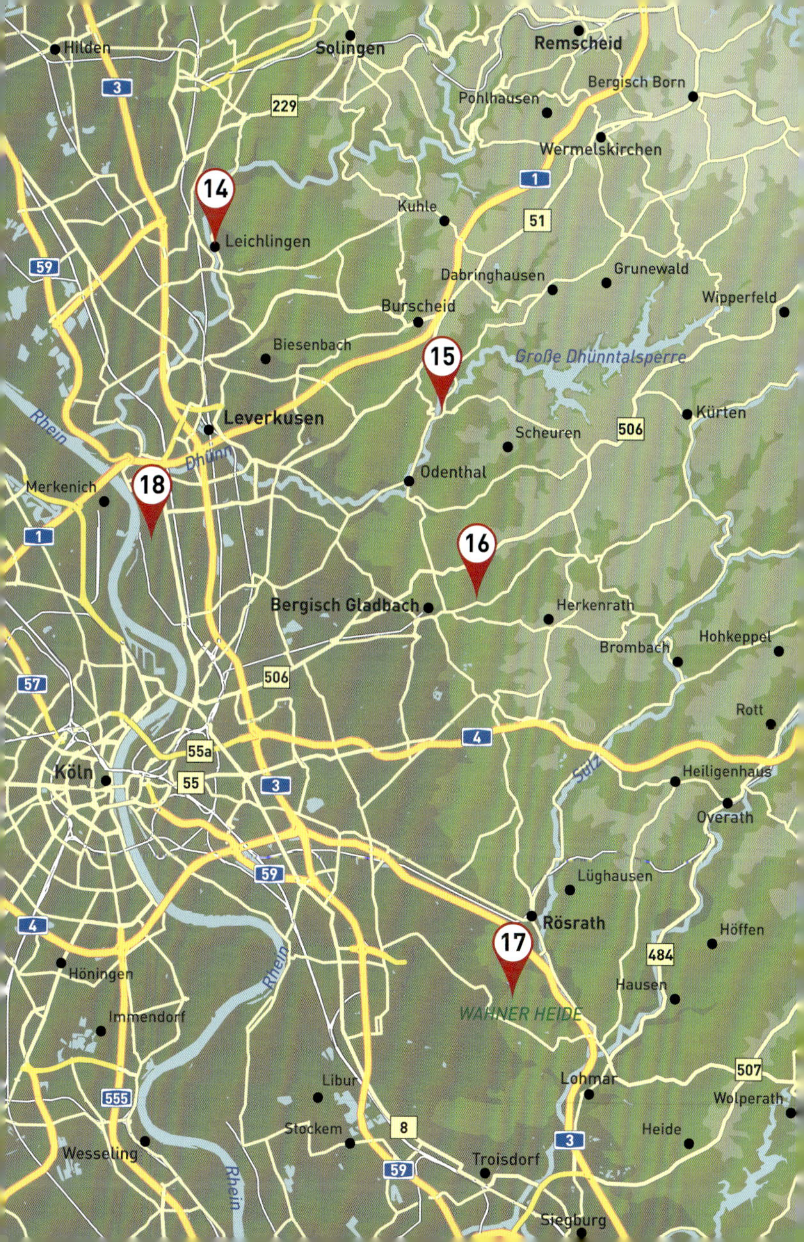

Hilden
Solingen
Remscheid
Bergisch Born
Pohlhausen
Wermelskirchen
229
3
1
51
14
Leichlingen
Kuhle
Dabringhausen
Grunewald
Wipperfeld
59
Burscheid
Biesenbach
15
Große Dhünntalsperre
Leverkusen
Rhein
Dhünn
Kürten
506
Scheuren
Odenthal
Merkenich
18
1
16
Bergisch Gladbach
Herkenrath
Brombach
Hohkeppel
57
506
Rott
4
55a
Köln
55
3
Sülz
Heiligenhaus
Overath
59
Lüghausen
Rösrath
4
17
Höffen
484
Höningen
Rhein
Hausen
WAHNER HEIDE
Immendorf
507
Libur
Lohmar
Wolperath
555
Stockem
8
3
Heide
Wesseling
59
Troisdorf
Rhein
Siegburg

14 Sinneswald Leichlingen

KUNST UND NATUR IM MURBACHTAL

Nur wenige hundert Meter von der Wupper entfernt verzaubert ein ganz besonderer Wald seine Besucher. Der Sinneswald Skulpturenpark im Murbachtal bei Leichlingen verführt seit 30 Jahren seine Gäste mit einer besonderen Form von Kunstausstellung, die auch Kinder begeistern wird. Versprochen!

See im Sinneswald

Achtsamkeit, Würde, Nachhaltigkeit, Metamorphose: Dies klingt auf den ersten Blick nach einem Motivationsworkshop in einer Großstadt. In Leichlingen jedoch – im schönen Murbachtal – sind das Mottos für ganz besondere Kunstprojekte. Im Jahr 1986 übernahmen Wicze Braun und Wolfgang Brudes das Grundstück rund um eine alte Spinnerei von ihren Eltern. Teil des Grundstückes war ein 1500 Quadratmeter großer Teich und ein Steinbruch, auch ein Stück Wald gehörte zur Fläche. Ein Gedanke ergab den anderen und so wurde 1993 das Projekt „Sinneswald" ins Leben gerufen.

Entlang des Murbachs, am und auf dem Teich der Anlage, in einem alten Steinbruch oder aber auch auf schmalen Pfaden durch ein kleines Waldgebiet lassen sich hier jedes Jahr neue fantasievolle Arbeiten entdecken, die von überwiegend regionalen Künstlern gefertigt werden.

Während einige Projekte groß und damit allgegenwärtig sind, finden sich manche kleine Kunstwerke erst auf den zweiten Blick. Einige Werke, wie etwa eine riesige Schaukel im Wald, eine Murmelbahn, ein Summstein, ein Kräutergarten und ein Stuhlkreis sowie die Wächterin des Tales verbleiben dauerhaft im Sinneswald. Die meisten Kunstwerke werden jedoch jedes Jahr ausgetauscht. Jeweils im Frühling wird das Motto des Jahres vorgestellt. Bis zu 80 Kunstwerke präsentieren sich dann auf dem Gelände des Sinneswalds und bieten ungewöhnliche Zugänge zu den verschiedenen Jahresthemen.

In den Sommermonaten finden Lesungen, Konzerte, Open-Air-Kino und Führungen durch die Ausstellung statt, in den Wintermonaten lässt sich die Ruhe bei einem Rundgang genießen – mit allen Sinnen. Das gemeinsame Erleben von Kunst und Natur ist eine der Grundideen des Projektes, das sich über Spenden finanziert. Der Eintritt ist frei und jeder kann das geben, was ihm die ganz besondere Ausstellung wert ist. Eine Übersicht aller Künstler und Kunstwerke wird jedes Jahr neu herausgegeben und ist auf der Website des Sinneswalds zu finden.

Wilde Wupper

Ein Abstecher nach Leichlingen lohnt sich jedoch nicht nur wegen des Sinneswalds. Rund um Leichlingen lässt sich die Wupper in ihrer ursprünglichen und wilden Art erleben. Eine empfehlenswerte Runde startet am Ludwig-Rehbock-Park in Leverkusen und führt vorbei am Hülser Bruch sowie an den verwachsenen Ufern des Bergischen Flusses. Industriecharme vermitteln zwei alte Bahnbrücken und entlang der Strecke gibt es neben einem Bauernhof auch mehrere Einkehrmöglichkeiten, die vor allem im Sommer den einen oder anderen Umweg erlauben.

Nicht nur zur Obstblüte und im Herbst lädt der Obstweg ein, der vorbei an zahlreichen Obstbäumen immer mal wieder zum Verweilen und Entdecken anregt. Die Wandertour ist einer der Bergischen Streifzüge und mit 5,9 Kilometern ideal für einen Sonntagsspaziergang. Mit spannenden, lehrreichen Tafeln und einigen Mitmachaktionen wird es hier auch den Jüngsten garantiert nicht langweilig. Im Herbst empfiehlt es sich, eine große Tasche mitzunehmen, da entlang des Weges überall Birnen und Äpfel verkauft werden. Der eine oder andere Bauernhof säumt den Weg – hier lohnt sich ein Abstecher.

Im Herbst am Obstweg: frisch geerntete Äpfel

Info

Lage: Leichlingen liegt etwa 25 Kilometer südöstlich von Düsseldorf.

Adressen:

- Spinnerei Braun + Brudes – SinnesWald: Am Murbach 18, 42799 Leichlingen
- Leichlinger Obstweg: Ecke Marktstraße/Mittelstraße, 42799 Leichlingen

Websites:

- *sinneswald.net*
- *bergisches-wanderland.de/bergische-streifzuege/alle-streifzuege/4-obstweg-leichlingen-59-km*

HINWEISE:

- Auf festes Schuhwerk achten.
- Hunde sind auf dem Gelände vom Sinneswald nicht erlaubt.
- Die Wanderungen in Leichlingen lassen sich sehr gut mit dem Japanischen Garten in Leverkusen kombinieren (siehe Tipp 18).

15 Odenthal

ALTENBERGER DOM

Das Tal der Dhünn rund um den Altenberger Dom ist vor allem eins: ländlich. Wälder und Wiesen, ab und an eine kleine Gemeinde, ein Bauernhof hier und ein paar Felder da. Inmitten dieser Idylle ragt in der Gemeinde Odenthal der beeindruckende Altenberger Dom auf. Ein Kirchengebäude, das in seiner Größe ungewöhnlich für diese ländlich geprägte Region ist. Das liegt vor allem daran, dass die Bauherren der einstigen Abtei zu Altenberg, die Zisterziensermönche, für ihre Wirkungsstätten eher abgeschiedene Plätze in der Natur gesucht haben.

Der Altenberger Dom in Odenthal wird nicht nur Geschichtsinteressierten wohl eher als der „Bergische Dom" bekannt sein. Bis zum 16. Jahrhundert war die Klosterkirche auch die Grablege der Grafen von Berg. Heute ist es ein Gotteshaus, das von zwei Religionen genutzt wird.

Im 12. Jahrhundert folgten die Mönche einer Einladung des Grafen von Berg und ließen sich in Altenberg, heute ein Ortsteil von Odenthal, nieder. Sie erschufen mitten im Bergischen Land eine der schönsten gotischen Kirchen in Deutschland. Diese Kirche diente über mehrere Jahrhunderte als letzte Ruhestätte der Grafen von Berg. Zeitweise war sie sogar eine Fabrik für Farben, wo es häufig brannte, was beinahe dazu geführt hätte, dass der Bergische Dom abgebrannt wäre.

Das Innere des Kirchengebäudes ist recht schlicht gehalten, sehenswert sind die Grisaillefenster im Ostchor. In den Sommermonaten finden Führungen durch den Altenberger Dom statt. Sowohl katholische als auch evangelische Gottesdienste werden in diesem besonderen Gotteshaus gefeiert.

Innenansicht

Auch rund um den Altenberger Dom gibt es im Tal der Dhünn viel zu erleben. So befindet sich nur wenige hundert Meter von der ehemaligen Abtei ein nostalgischer Märchenwald, der nicht nur mit Kindern einen Ausflug wert ist. In den großen Waldgebieten rund um Odenthal lässt es sich sehr gut wandern, vor allem das Eifgenbachtal eignet sich hierfür gut.

Altenberger Dom

Info

Lage: Odenthal befindet sich rund 20 Kilometer nordöstlich von Köln.

Adresse: Altenberger Dom, Eugen-Heinen-Platz 2, 51519 Odenthal

Website: *altenberger-dom.de*

HINWEIS: Ein Besuch im Dom lässt sich auch gut mit einer Tour in Leichlingen (siehe Tipp 14), zum Beispiel zum Sinneswald, kombinieren.

16 Bergisch Gladbach

PAPIERMÜHLE ALTE DOMBACH

Schon im 17. Jahrhundert wurde die Papiermühle Alte Dombach gegründet. Damals war sie eine von vielen Papiermühlen, die von der stabilen Wasserkraft des Flusses Strunde profitierten. Heute befindet sich in der alten Papiermühle das größte Papiermuseum Deutschlands, dessen Besuch nicht nur etwas für Schlechtwettertage ist. In der interaktiven Ausstellung wird klar, wo in unserem Haushalt Papier gebraucht wird, wie Papier entsteht und welche Probleme mit dem Verbrauch einhergehen.

Das größte Papiermuseum Deutschlands liegt im Bergischen Land. Im LVR-Industriemuseum Papiermühle Alte Dombach wird die Geschichte der Papierherstellung der letzten Jahrhunderte aufbereitet. Und das in allen Facetten!

Im Hauptgebäude werden in knapp 20 Räumen jegliche Facetten der Papierherstellung vorgestellt. Besonders interessant ist, dass dies auch in Bezug auf regionale Besonderheiten und die Geschichte der Papierfabrikanten im Bergischen Land geschieht. Ein Highlight ist der Raum 13, in dem Museumsgäste einmal selbst Papier schöpfen können. Ein weiterer ganz besonderer Raum ist der Toilettenraum. Dieser Ort ist jedoch nicht für den alltäglichen Gang geeignet, sondern hier wird in einer witzigen Form die Rolle des Klopapiers nähergebracht. Weiter geht es durch überdimensionale Ordner, durch die man in einen Ausstellungsraum läuft, in dem klar wird, wie viel Papier tagtäglich in jedem deutschen Büro verschwendet wird.

Im Papiermuseum

Im Innen- und Außenbereich sind alte Maschinen aus der Papierherstellung zu bestaunen. Besonders beliebt sind die regelmäßigen Vorführungen der Labor-Papiermaschine. Für die Kleinen gibt es einen Erlebnisspielplatz mit Mühle und Wasserförderung und im Sommer ist ein Besuch auf dem Papierpflanzenpfad empfehlenswert.

Ausstellung rund ums Papier

Auch alle Wanderer kommen bei einem Besuch der Papiermühle in Bergisch Gladbach auf ihre Kosten. Empfehlenswert sind Ausflüge zum Kuckelberg oder zu den verschiedenen Landgütern der Region.

Info

Lage: Bergisch Gladbach liegt etwa 15 Kilometer östlich von Köln.

Adresse: Papiermühle Alte Dombach, Alte Dombach 1, 51465 Bergisch Gladbach

Website: *industriemuseum.lvr.de/de/die_museen/bergisch_gladbach/papiermuehle_alte_dombach.html*

HINWEIS: In den Sommermonaten lässt sich ein Besuch in der Mühle sehr gut mit einer Wanderung in der Wahner Heide (siehe Tipp 17) kombinieren.

17 Rösrath – Wahner Heide

DAS GRÜNE AUSFLUGSZIEL

Ein Naturschutzgebiet mit eigenem Flughafen? Das ist die Wahner Heide. Die knapp 177 Quadratkilometer große Fläche östlich von Köln ist nicht nur die grüne Lunge der Region, sondern auch ein beliebtes Ausflugsziel im Bergischen. Hier kann man Wandern, Radfahren, Flugzeuge beobachten und vor allem die Natur erleben!

Tiergehege in der Wahner Heide

Im August ist eine Wanderung durch die Wahner Heide ein wahrer Genuss. Dann blüht die Heide in einem satten Lila! Die Heide besteht nicht nur aus Brachflächen und Erikapflanzen, das Naturschutzgebiet umgibt ein Wald, in dem auch Rehe, Wildschweine, Hasen und Füchse heimisch sind. In der Ferne hört man leise die Autobahnen und Straßen, die das Naturschutzgebiet umgeben. Die Tiere lassen sich davon nicht stören. Auch von den Flugzeugen, die von Zeit zu Zeit über die Wahner Heide fliegen, scheinen die Tiere der Heide ziemlich unbeeindruckt zu sein.

Vor 100 Jahren war das riesige Gelände vollständig in der Hand des Militärs. Während des Zweiten Weltkrieges befanden sich hier ein Truppenübungsplatz, ein Flugfeld und ein Kriegsgefangenenlager. Noch bis 2004 wurde der überwiegende Teil der Heide militärisch genutzt. Heutzutage sind in der südlichen Wahner Heide (Aggeraue und Scheuerbachsenke) gelegentlich Schüsse zu hören, denn dort übt ab und zu die Bundeswehr. Das Gelände ist mehr als ausreichend gekennzeichnet – es muss also niemand Sorge haben, plötzlich mitten im Gefecht zu landen.

Wanderweg Wahner Heide

Heideblüte

Rund um die Wahner Heide gibt es vier Besucherzentren. Die sogenannten Heideportale befinden sich alle in geschichtsträchtigen Gebäuden und geben Besuchern unterschiedliche Informationen über das Naturschutzgebiet.

QR Code mit Infos

Im Nordwesten befindet sich das Gut Leidenhausen. In der historischen Tenne – hier wurde früher Getreide gedroschen – befindet sich die Dauerausstellung „Natur ist anders – Kontraste", in der es Informationen zur Heide und dem Königsforst gibt und zudem die Schnittstelle Natur und Technik etwas genauer begutachtet wird. Für eine Rast bietet das Café Gut Leidenhausen Erfrischungen und Kuchen an.

Im Heide-Portal der Burg Wissem in Troisdorf geht es in der Ausstellung „Natur erzählt Geschichten" um die Freizeitgestaltung rund um die Wahner Heide. Hier erfahren interessierte Gäste einiges über die Historie der Wahner Heide, um Sagen, die sich um dieses Gebiet ranken, und um den Aspekt Mensch und Natur. In Burg Wissem befindet sich zudem auch ein Bilderbuchmuseum und ein Café mit wirklich gutem Blechkuchen!

Burg Wissem

In Bergisch Gladbach, im Nordosten der Wahner Heide, lädt das Forsthaus Steinhaus im Königsforst zu seiner Ausstellung „Natur nutzt – Ressource" ein. Hier geht es neben dem Thema Ressourcen von Wald und Heide auch um den Schwerpunkt Nachhaltigkeit.

Nationalpark Zentrum Turmhof

Am Tor zum Bergischen Land, in Rösrath auf dem Gelände des ehemaligen Turmhofs, geht es in der Ausstellung „Dynamik – Landschaft im Wechselspiel der Kräfte" um Veränderungsprozesse in der Natur, wie Erosion oder Gewässerdynamik. Vor Ort gibt es auch eine Heidebibliothek mit zahlreichen Büchern rund um das Thema Wahner Heide.

In allen vier Heideportalen werden regelmäßige Führungen und Veranstaltungen geboten: Wanderungen durch die Heide, Nachtspaziergänge zur Tierbeobachtung, Weihnachtsmarktbesuche oder Workshops für Kinder.

In der Wahner Heide gibt es insgesamt zehn Rundwanderwege, die mit Strecken zwischen drei und elf Kilometern für jedermann machbar sind. Mit Kindern ist die kurze Turmhof-Tour in Rösrath mit 3,6 Kilometern geeignet. Die Telegraphenbergtour mit 10,7 Kilometern ausgehend von Troisdorf ist im August die

Wanderung mit der schönsten Heideblüte. Die Wanderwege im Naturschutzgebiet sind leicht zu erkennen: Ein gelbes Motiv auf schwarzem Untergrund weist den Weg. Eine wichtige Regel gilt für alle Besucher: Nur die mit roten Pfosten markierten Wege nutzen!

Ausblick vom Telegrafenberg

Info

Lage: Die Wahner Heide befindet sich zwischen A3 und A59 am südöstlichen Stadtrand von Köln.

Websites:

- *wahnerheide.net*
- *heideportal-burgwissem.de*

HINWEIS: Führungen sollten frühzeitig reserviert werden.

18 Leverkusen

JAPANISCHER GARTEN

Ein japanisches Teehaus steht mitten in einem verwunschenen Park zwischen zahlreichen exotischen Pflanzen und asiatischen Figuren. Das Teehaus wird bewacht von zwei bronzenen Tempelhunden und lässt vergessen, dass wir uns hier inmitten eines Industrieparks befinden. Der japanische Garten Leverkusen steht nämlich auf dem Gelände des Chempark Leverkusen.

Auf dem Gelände des Chempark Leverkusen befindet sich ein Stück Japan. Auf 15.000 Quadratmetern wird man unweit der Stadtgrenze zu Köln in einen wunderschönen Garten nach japanischem Vorbild entführt.

Ein Besuch ist hier zu jeder Jahreszeit spannend: Viele Pflanzen sind immergrün und bilden so selbst im Winter eine besondere Kulisse. Es wachsen zahlreiche Gräser, Papyrusstauden, ein japanischer Goldahorn, Chrysanthemen und auch der eine oder andere Mammutbaum auf dem 15.000 Quadratmeter großen Gelände. Wer genau hinschaut, wird in den Teichen des japanischen Gartens auch Kois und Schildkröten finden.

Neben der Pflanzenwelt und dem japanischen Teehaus lassen sich in dem 1912 gegründeten Park weitere japanische Bauten und Kunstwerke entdecken. Sehenswert ist ein Weg über das Wasser zur steinernen Mikadobrücke, deren Vorbild in der japanischen Tempelstadt Nikkō zu finden ist. Dieser Ort ist ein beliebter Ort für Verliebte, die hier ihre Liebe gestehen oder ihrem Partner einen Heiratsantrag machen wollen. Romantik pur also!

2006 wurde der japanische Garten unter die Top 10 der schönsten Gärten in Deutschland gewählt.

Teehaus im japanischen Garten

Info

Lage: Leverkusen liegt 15 Kilometer nördlich von Köln.

Adresse: Japanischer Garten, Kaiser-Wilhelm-Allee, 51373 Leverkusen

Website:
bayer.com/de/de/japanischer-garten-leverkusen

HINWEIS: Es gibt einen barrierefreien Rundweg, auf einigen Wegen gelten jedoch Einschränkungen für Kinderwagen, Rollstühle und Hunde.

Neanderland

Historische Altstadt von Wülfrath

Neanderland

19. neanderland STEIG: die Startetappe
20. PanoramaRadweg niederbergbahn: unterwegs auf alten Bahntrassen
21. Schloss- und Beschlägemuseum: aufschlussreich in Velbert
22. Langenberg: Bürgerhaus und Bücherstadt
23. Neviges: Wallfahrtsdom trifft Bergischen Dreiklang
24. Ratingen: Wasserburg „Haus zum Haus"
25. Textilfabrik Cromford: auf den Spuren der industriellen Revolution
26. Zeittunnel Wülfrath: Zeitreise in die Erdgeschichte
27. Erlebniswelt Neandertal: zu Besuch bei „Mr. N"
28. Gruiten: wo die Düssel ihre kleine Schwester trifft
29. Wasserski Langenfeld: die perfekte Bahn und Welle
30. Haus Bürgel: auf den Spuren der Römer
31. Monheim: Stadt am Rheinbogen

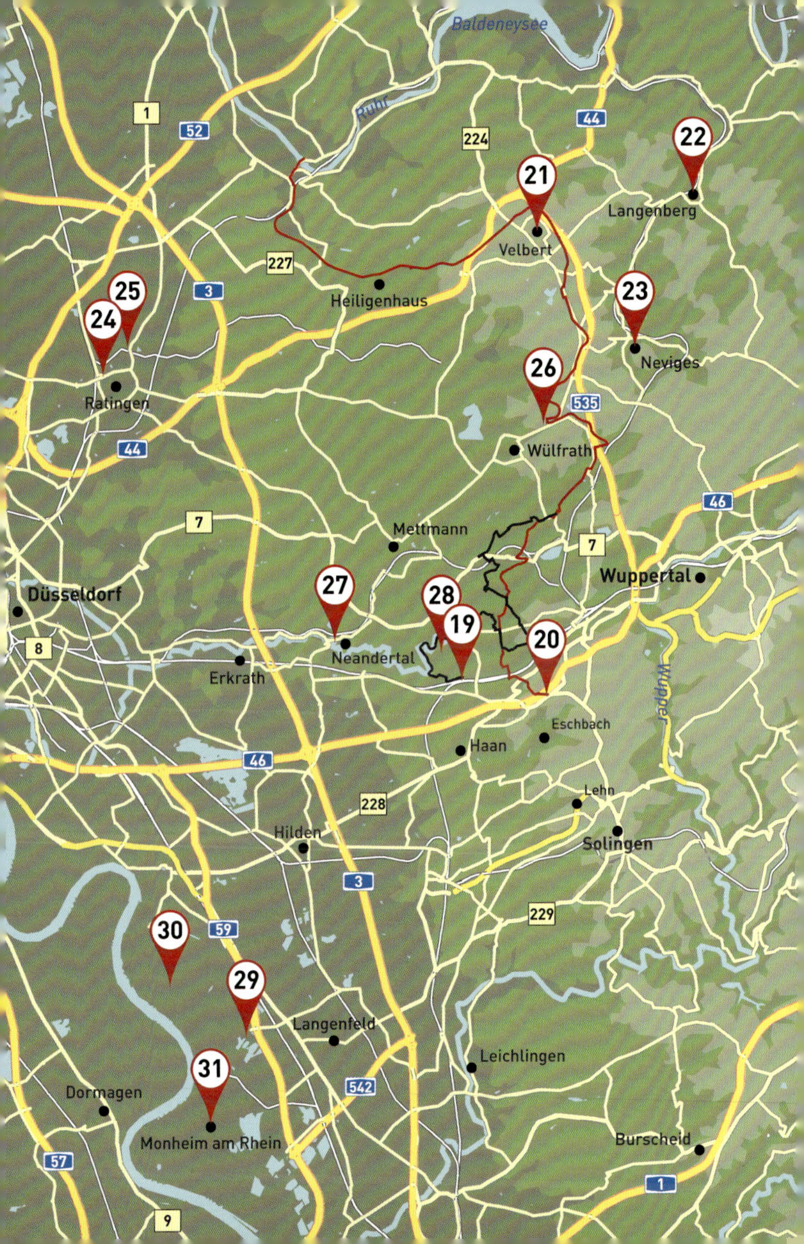

Baldeneysee
Ruhr
1
52
224
44
22
21
Langenberg
Velbert
227
Heiligenhaus
3
25
24
23
Neviges
26
Ratingen
535
Wülfrath
44
46
7
Mettmann
7
Wuppertal
27
28
Düsseldorf
19
20
8
Neandertal
Erkrath
Wupper
Eschbach
Haan
46
228
Lehn
Hilden
Solingen
3
229
30
59
29
Langenfeld
Leichlingen
31
542
Dormagen
Burscheid
Monheim am Rhein
57
1
9

19 neanderland STEIG

DIE STARTETAPPE

Seit 2014 ist der neanderland STEIG, ein etwa 240 Kilometer langer Rundwanderweg, das wanderbare Aushängeschild des Niederbergischen Landes. Die Startetappe von Gruiten nach Düssel ist eine der reizvollsten Etappen und bietet alles, was das bergische Wanderherz begehrt.

Das Wanderzeichen des neanderland STEIG

Neanderland ist Wanderland – unzählige Wanderwege durchziehen den Kreis Mettmann und bieten Abwechslung pur: idyllische Naturlandschaften mit wunderbaren Wald- und Forstwegen, typisch bergische Ortschaften und zahlreiche kulturhistorische Sehenswürdigkeiten. Die bekannteste Wanderung des Neanderlands ist der neanderland STEIG, der auf einer 240 Kilometer langen Runde das Niederbergische Land vornehmlich auf dem Gebiet des Kreises Mettmann erschließt. Ergänzt wird der neanderland STEIG durch zahlreiche thematische Wanderwege und Entdeckerschleifen, sodass es wahrlich leicht fällt, für jeden Geschmack, jedes Alter und jeden Fitnesslevel eine passende Wanderung zu finden.

In 17 Etappen mit Längen zwischen sieben und 19 Kilometern ist der neanderland STEIG aufgeteilt, kann aber natürlich individuell angepasst werden, da der Rundwanderweg durchgehend perfekt ausgezeichnet ist. Und wer kürzere Strecken und Rundwanderungen bevorzugt, der wird bei den Entdeckerschleifen, den the-

Auf der Entdeckerschleife Denkmaltour Erkrath

Der Haaner Ortsteil Gruiten ist erreicht

Informationen zur Grube 7

matischen Rundwanderungen im Kreis Mettmann, ab einer Länge von etwa zwei bis fünf Kilometern fündig.

Eines der reizvollsten Teilstücke des neanderland STEIG ist die Startetappe, die von Haan-Gruiten über Wuppertal-Schöller nach Wülfrath-Düssel führt. Etwa vier bis fünf Stunden Wanderzeit sollte man für diese Etappe einplanen. Bereits kurz nach dem unscheinbaren Start direkt am Gruitener Bahnhof geht es ab ins Grüne, zunächst flussaufwärts dem Verlauf der Düssel folgend, bis nach etwa vier Kilometern das malerische Dorf Gruiten (siehe auch Tipp 28) erreicht wird.

Hier lohnt es sich, ein wenig durch den Ort zu schlendern und den Bergischen Fachwerk-Dreiklang zu bewundern. Von hier aus geht es weiter zur Grube 7, in der bis in die 1960er-Jahre Kalk abgebaut worden ist. Heute steht das Gelände unter Naturschutz und bietet heimischen Tieren und Pflanzen ungestörte Entwicklungsmöglichkeiten. Einige Aussichtspunkte ermöglichen einen direkten Blick in die riesige Grube.

Abwechslungsreich geht es über Wald- und Forstwege vorbei an Feldern und Wiesen weiter in Richtung Schöller, das zum

Wuppertaler Stadtbezirk Vohwinkel gehört. Auch hier führt der Weg über kurze Passagen immer wieder an der Düssel entlang. Lohnenswert ist ein kleiner Abstecher vom ausgeschilderten Wanderweg in das Dorf, vorbei am Rittergut Schöller und zur Pfarrkirche, deren Turm aus dem 12. Jahrhundert stammt.

Die Düssel bei Schöller

Von Schöller geht es meist über Feldwege weiter Richtung Obmettmann, bis nach etwas mehr als 16 Kilometern der Wülfrather Ortsteil Düssel erreicht wird. Nach der – vor allem aufgrund der Länge – durchaus anstrengenden Wanderung lohnt hier ebenfalls eine Besichtigung des von bergischer Architektur geprägten Ortskerns und eine Einkehr im Café und Restaurant Kutscherstuben. Spätestens jetzt – beim Verzehr der sehr empfehlenswerten hausgemachten Waffeln oder der reichhaltigen Kutscher Pfanne – reift die Erkenntnis: Weitere Etappen des neanderland STEIG oder Entdeckerschleifen sollten unbedingt erwandert werden!

Die Kutscherstuben in Düssel

Blick auf Wuppertal-Schöller

Lage: Haan-Gruiten liegt etwa 20 Kilometer östlich von Düsseldorf.

Startpunkt der Wanderung: S-Bahnhof Haan-Gruiten, Thunbuschstraße 20, 42781 Haan-Gruiten. Ziel: Dorfstraße, 42489 Wülfrath-Düssel

Website: *neanderland.de/tour/etappe-01-haan-gruiten-wuelfrath*

Aktivitäten:

- Besichtigung des Ortskerns von Haan-Gruiten, siehe auch Tipp 28
- Abstecher in den Ortskern von Wuppertal-Schöller

Einkehren:

- Kutscherstuben Wülfrath: am Ende der Etappe direkt im Ortskern von Düssel mit schöner Außenterrasse; Dorfstraße 6, 42489 Wülfrath-Düssel, *kutscherstuben-wuelfrath.de*

HINWEIS: Wer häufiger im Neanderland wandert, sollte sich die neanderland STEIG App (für Android und iOS) aus den entsprechenden App-Stores herunterladen. Neben den Streckenführungen der einzelnen Etappen und der Entdeckerschleifen gibt es Tipps zu Sehenswürdigkeiten und Aktivitäten sowie Unterkünften und Gastronomie in der Umgebung. Die App ist auch offline nutzbar.

20 PanoramaRadweg niederbergbahn

UNTERWEGS AUF ALTEN BAHNTRASSEN

Wer Teile des Neanderlands entspannt mit dem Fahrrad entdecken möchte, der ist auf dem PanoramaRadweg niederbergbahn auf der richtigen Strecke. Auf einer Länge von etwa 40 Kilometern führt der 2011 eröffnete Radweg in weiten Strecken über stillgelegte Bahntrassen von Haan über Wülfrath und Heiligenhaus bis nach Essen-Kettwig an den Rand des Ruhrgebiets.

Auf dem Panoramaradweg bei Heiligenhaus

Die Geschichte des PanoramaRadwegs niederbergbahn ist eng mit der Entwicklung des Eisenbahnnetzes in der Region verbunden. Gebaut wurde die Strecke in den 1920er-Jahren und verband die Städte Wülfrath, Velbert, Heiligenhaus sowie Essen-Kettwig sowohl im Personen- als auch im Güterverkehr. Der Personenzugverkehr wurde wegen Unrentabilität zwar bereits 1960 eingestellt, der Güterverkehr zwischen Heiligenhaus und Velbert lief jedoch weiter bis in das Jahr 1996. Danach lagen große Teile der Trasse brach, bis 2011 über ein Förderprogramm des Landes Nordrhein-Westfalen der PanoramaRadweg eröffnet wurde, der übrigens auf Teilstrecken auch für Inline-Skater und Fußgänger ein echtes Erlebnis ist.

Dadurch, dass fast die komplette Streckenführung asphaltiert ist und aufgrund des Ursprungs im Bahnverkehr nur mit geringen Steigungen angelegt wurde, lässt es sich hier ganz entspannt radeln. Der PanoramaRadweg niederbergbahn verbindet auf einzigartige Weise Naturerlebnisse und Industriekultur. Egal ob man die Geschichte der Region erkunden, die Natur genießen oder einfach nur entspannt Radfahren möchte, dieser Radweg bietet für jeden Radfahrer etwas Besonderes.

Der Start (oder das Ziel) des PanoramaRadwegs liegt in Haan und bereits nach wenigen Kilometern wird der Ortsteil Haan-Gruiten erreicht, in dem sich ein erster Stopp anbietet (siehe Tipp 28). Weiter geht es über Wuppertal-Schöller, bis der Wülfrather Ortsteil Düssel mit einem sehr sehenswerten historischen bergischen Ortskern auf der Strecke liegt. Über Aprath (ein kurzer Fotostopp am ehemaligen Schloss Aprath lohnt sich) und Schlupkothen fährt man bis zum östlichen Stadtrand von Wülfrath, wo eine Pause am Zeittunnel (siehe Tipp 26) eingelegt werden kann.

Anschließend geht es weiter über Kocherscheidt und Tönisheide (ein möglicher Abstecher ist Velbert-Neviges mit dem weltberühmten Mariendom, siehe Tipp 23) bis Velbert erreicht wird. Hier bietet sich ein Besuch des Deutschen Schloss- und Beschlägemuseums an (siehe Tipp 21). Danach führt der PanoramaRadweg weiter über Heiligenhaus mit seiner in Deutschland einzigartigen illuminierten Waggonbrücke bis zum Ziel nach Essen-Kettwig. Hier lohnt sich ein Spaziergang an der Ruhr oder durch die verwinkelten Gassen der Altstadt mit zahlreichen sehenswerten Fachwerkhäusern. Ein wunderbarer Abschluss für einen abwechslungsreichen Tag auf dem Fahrrad.

Alte Getreidesilos am Rande des PamoramaRadwegs

Info

Lage: Haan liegt etwa 20 Kilometer östlich von Düsseldorf.

Start: Haan (Westring, L357), Ziel: Essen-Kettwig (direkt an der Ruhr), oder auch in umgekehrter Richtung.

Website: *neanderland.de/tour/panoramaradweg-niederbergbahn* (inkl. GPX-Download)

Einkehren:

- Kutscherstuben Wülfrath, direkt im Ortskern von Düssel mit schöner Außenterrasse; Dorfstraße 6, 42489 Wülfrath-Düssel, *kutscherstuben-wuelfrath.de*
- Hofcafé Abtsküche: Abtskücher Straße 40, 42579 Heiligenhaus, *hofcafe-abtskueche.de*
- Eiscafé Al Ponte: Am Mühlengraben 3, 45219 Essen-Kettwig

HINWEIS: Wer mit dem Fahrrad noch Anschlussstrecken sucht, kann in Haan der Korkenziehertrasse folgen oder auch in Essen-Kettwig auf den RuhrtalRadweg wechseln.

kulturinfo ruhr
kir
Na? Mal wieder was anderes sehen?
KIR. Alle Kulturveranstaltungen in der Metropole Ruhr auf einen Blick!
www.kulturinfo.ruhr
REGIONALVERBAND
RUHR

21 Schloss- und Beschlägemuseum

AUFSCHLUSSREICH IN VELBERT

Eine interaktive und multimediale Zeitreise für Erwachsene und Kinder durch 4000 Jahre Schließtechnik bietet das 2021 komplett neugestaltete Schloss- und Beschlägemuseum direkt in der Velberter Innenstadt. Auch die Geschichte und harte Arbeit des Schlosserhandwerks in Velbert wird eindrücklich präsentiert.

Das Deutsche Schloss- und Beschlägemuseum

Bereits im 16. Jahrhundert entwickelte sich in Velbert das Schlosserhandwerk. Ursächlich hierfür waren unter anderem die kargen Böden, die in der Landwirtschaft dazu führten, dass die Bauern nur geringe Erträge erwirtschaften konnten, sodass diese Nebeneinkünfte benötigten. So entstanden kleine Werkstätten, in denen häufig Schließtechniken für den Alltagsgebrauch gefertigt wurden. Als Bindeglied zwischen den dezentralen Werkstätten und den Märkten, in denen Schlösser verkauft wurden, entwickelte sich zudem ein Händlersystem und bereits im 17. Jahrhundert ist der Export von Velberter Schlosserei-Erzeugnissen bis in ferne Länder dokumentiert. Insofern ist es auch nicht verwunderlich, dass bereits im Jahr 1936 das Schloss- und Beschlägemuseum in Velbert gegründet wurde.

Im Laufe der Jahrzehnte erlebte das Schloss- und Beschlägemuseum einige Neukonzeptionierungen, die letzte im Oktober 2021, verbunden mit einem Umzug und einem Neubau an der Villa Herminghaus. Hier ist nun eine spannende und interaktive Zeitreise durch 4000 Jahre Geschichte von Schlössern und Beschlägen bis in die digitale Neuzeit möglich.

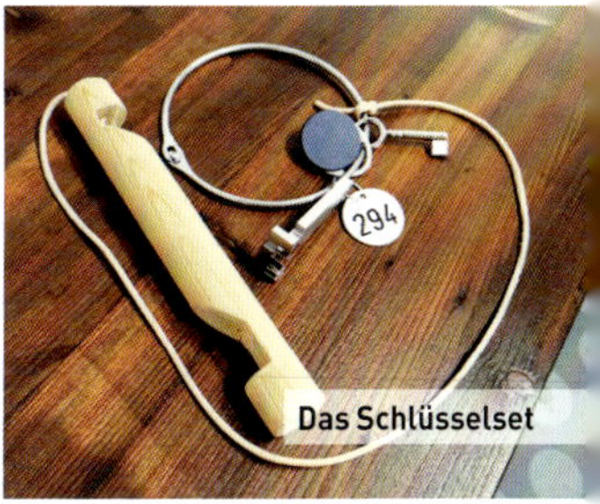

Das Schlüsselset

Ausgestattet mit einem Schlüsselset starten die Besucher in die Ausstellung und erfahren, dass wahrscheinlich bereits um das Jahr 2000 v. Chr. mit Fallriegelschlössern abgeschlossen wurde, eine Schließtechnik, die in bestimmten Regionen Afrikas und in der östlichen Türkei bis heute noch verwendet wird.

Bereits im Römischen Reich waren die Schlösser für Eingangstüren technisch sehr ausgereift und aus robustem Eisen gefertigt und dienten vor allen Dingen dem Schutz vor Raubüberfällen. Deutlich wird in der Ausstellung auch, dass in Europa nach dem Ende des Römischen Reiches fast 1000 Jahre keine weitere Entwicklung in der Schließtechnik stattfand und teilweise handwerkliches Wissen über die Schlossproduktion verloren ging.

Wie funktioniert das Schloss?

An vielen Stellen des Museums kann der Besucher auch selbst Hand anlegen und sich beispielsweise im Entriegeln eines ägyptischen Stoßriegelverschlusses oder eines römischen Hebe-Schiebe-Schlosses probieren. Zahlreiche multimediale Stationen ermöglichen ein Vertiefen des Gesehenen und Funktionsmodelle laden zum Ausprobieren ein. Auch für Kinder ist der Besuch des Schloss- und Beschlägemuseums ein spannendes Erlebnis: Es gibt einen eigenen Rundgang mit kleinen Schaukästen auf Augenhöhe und zahlreichen Gelegenheiten, Schließtechnik auszuprobieren.

Blick in die Ausstellung

Neben der Schließtechnik für Eingangstüren wird auch die Geschichte der Verwahrung von Wertgegenständen sowie wichtigen Dokumenten in schmucken Kästchen und großen Kassetten mit Schließmechanismus mit zahlreichen sehenswerten Ausstellungsstücken dokumentiert.

Ein umfangreicher Ausstellungsbereich widmet sich der

Die Wönnemannsche Schmiede

Schlossproduktion in Velbert ab dem 16. Jahrhundert. Ein echtes Highlight ist die Wönnemannsche Schmiede, die das Werkstattinventar des letzten unabhängigen Velberter Schlossmachers, Hinrich Wilhelm Wönnemann aus dem späten 18. bis 19. Jahrhundert präsentiert. Hier erhält man einen Eindruck, wie hart und gesundheitsgefährdend die Arbeit in den Schmieden war und dass auch die Vergütung nur für ein einfaches und entbehrungsreiches Leben reichte.

Digitale Schließtechnik

Am Ende des Rundgangs ist der Besucher im digitalen Zeitalter angekommen und erfährt einiges über Sicherungen durch elektronische und digitale Komponenten wie Transponder und Funkschlösser sowie die RFID-Technologie und Passwortschutz.

Info

Lage: Velbert liegt etwa 25 Kilometer nordöstlich von Düsseldorf. Das Schloss- und Beschlägemuseum liegt direkt in der Velberter Innenstadt.

Adresse: Schloss- und Beschlägemuseum, Heinz-Schemken-Platz 1, 42551 Velbert

Website: *schlossundbeschlaegemuseum.de*

Aktivitäten:

- Herminghauspark: mit Tiergehege und Spielplatz sowie einem 1,2 Kilometer langem Rundwanderweg mit neun Spielstationen, *herminghauspark-velbert.de*

22 Langenberg

BÜRGERHAUS UND BÜCHERSTADT

Gelegen am Zusammenfluss des Hardenberger Baches und des Deilbaches, an der Grenze zwischen Bergischem Land und Ruhrgebiet, hat der Velberter Stadtteil Langenberg dem Besucher einiges zu bieten.

Bereits im Jahr 1220 wurde „Langenberge" das erste mal urkundlich erwähnt, ab dem 14. Jahrhundert entwickelte sich in der Region ein lebhafter Handel mit Metall- und Textilprodukten, der die Entwicklung des Ortes förderte. Bereits im frühen 19. Jahrhundert entstand zudem eine florierende Kleinindustrie mit Papier- und Ölmühlen sowie die Textilindustrie, die sich hauptsächlich auf Seidenverarbeitung spezialisierte. Vor dem Ersten Weltkrieg zählte Langenberg sogar zu den reichsten Orten Preußens.

Bergische Fassade in der Altstadt

Einen guten Eindruck über den früheren Reichtum Langenbergs erhält der Besucher auf einem Rundgang durch die Altstadt Langenbergs; zahlreiche Villen und Fachwerkhäuser mit Schieferfassaden zeugen vom Wohlstand Langenbergs. Auffallend ist die terrassenförmige Anlage der Altstadt, durchzogen von verwinkelten Gassen und kleinen Treppen.

Besonders prägend für das Erscheinungsbild der Langenberger Altstadt ist das Historische Bürgerhaus, das auf eine Stiftung des Unternehmerehepaars Sophie und Adalbert Colsmann im Jahr 1913 zurückgeht. Die Seidenfabrikanten hatten damit das Ziel vor Augen, den Bürgern der Stadt in einem funktionalen Mehrzweckbau Platz für Bildung, Kultur und Sport zu stiften. Bereits 1916 konnte der monumentale Bruchsteinbau fertiggestellt werden.

Das Historische Bürgerhaus

Neben einem Konzertsaal, einem kleinen Saal und einem „Bergischen Zimmer" befindet sich im Bürgerhaus auch eine Turnhalle. 1982 wurde das Historische Bürgerhaus unter Denkmalschutz gestellt und von 2006 bis 2016 aufwendig kernsaniert. Seit dem Sommer 2016 kann man im Wandelgang die sogenannten „Grundsteinkisten" bestaunen. Dabei handelt es sich um jeweils drei in Holzkisten untergebrachte, von namhaften Künstlerinnen und Künstlern bearbeitete Sandsteine. Übereinandergestapelt bilden die Kisten eine 28 Meter breite, 3,50 Meter hohe und 6,5 Tonnen schwere Wand.

Moderne Kunst trifft historische Fassade

Der Heimseidenweber

Auch für Bücherfreunde und Leseratten ist Langenberg mittlerweile zu einem Geheimtipp geworden. Mehrere Antiquariate laden zum Bummeln und Stöbern ein und bieten eine große Auswahl an antiquarischen Büchern. An zwei Sonntagen im Mai und im September findet in der malerischen Kulisse der Altstadt zudem der Langenberger Büchermarkt statt. Mehr als 20 Antiquare aus der Region präsentieren an diesen beiden Sonntagen ihre Schätze: antiquarische Bücher, Grafiken, Stiche und alte Landkarten, Fotos und Postkarten und weitere Dinge zum Thema Papier.

Bekannt ist Langenberg weiterhin für seinen Sendeanlage des Westdeutschen Rundfunks auf dem 245 Meter hohen Hordtberg. Die 1926 erstmals für die Mittelwelle gebaute Anlage war seinerzeit der stärkste Sender in Europa und eine der ältesten Anlagen in der deutschen Hörfunk- und Fernsehgeschichte. Von hier aus werden das Rundfunk- und Fernsehprogramm in die Region gesendet und große Teile des WDR-Sendebetriebs gesteuert. Auch eine Wanderung hinauf zum Sender lohnt sich: Vom Bismarckturm aus hat man einen wunderbaren Überblick über die Region. Langenberg ist zudem der ideale Ausgangspunkt für Wanderungen und Radtouren in die Elfringhauser Schweiz.

Unterwegs in der Elfringhauser Schweiz

Info

Lage: Velbert liegt etwa 25 Kilometer nordöstlich von Düsseldorf. Velbert-Langenberg liegt etwa neun Kilometer nordöstlich von Velbert Mitte.

Website: *velbert.de/stadtleben/stadt-velbert/stadtrundgang/velbert-langenberg*

Aktivitäten:

- Waldkletterpark „Wald-Abenteuer" auf dem Hordtberg: Mehr als 100 Kletterelemente für Groß und Klein mit Kletterbistro, *wald-abenteuer.de/park/velbert-langenberg*
- Wandern auf der Entdeckerschleife „Spuren der Kohlentreiber" durch das Windrather Tal: ca. acht Kilometer, *neanderland.de/tour/entdeckerschleife-spuren-der-kohlentreiber*
- AlldieKunst: Raum für Kunst und Kultur in Velbert-Langenberg in einem ehemaligen Aldi-Markt mit wechselnden Ausstellungen, *alldiekunst.com*

23 Neviges

WALLFAHRTSDOM TRIFFT BERGISCHEN DREIKLANG

Neviges ist ein Ort der Gegensätze. Weltbekannt ist der Stadtteil von Velbert durch den 1968 eingeweihten Mariendom im Stile des Brutalismus, der architektonisch entweder verstört oder begeistert. Nur ein paar hundert Meter weiter – rund um die Evangelische Stadtkirche – trifft man am Rundling auf Bergisches Fachwerk vom Feinsten.

Bergische Fachwerkfassaden

Am Anfang stand eine Wallfahrt zum Hardenberger Gnadenbild der unbefleckten Empfängnis Mariens, die ihren Ursprung im Jahr 1681 hatte. Als Auslöser gilt der Fürstbischof von Paderborn und Münster, der nach schwerer Krankheit unerwartet seine Gesundheit wiedererlangt hatte und zum Dank eine Pilgerfahrt nach Neviges unternahm und dort zudem die Fertigstellung des bereits im Bau befindlichen Franziskanerklosters finanzierte. Papst Clemens XII. versprach im 18. Jahrhundert allen Hardenberg-Pilgern großzügig völligen Ablass der Sündenstrafen.

Der Mariendom

Bis 1968 war die Kirche St. Mariä Empfängnis Wallfahrtskirche, die aber schon bald dem Strom von bis zu 10.000 Pilgern an einem einzigen Sonntag nicht mehr gewachsen war. 1965 fiel daher die Entscheidung für den Bau einer neuen Wallfahrtskirche. Der architekturhistorisch dem Brutalismus zuzurechnende Bau wurde vom Architekten Gottfried Böhm entworfen und auf persönlichen Wunsch des damaligen Kölner Erzbischof Joseph Kardinal Frings wurde er mit dem Bau beauftragt. Von Anfang an polarisierte der Mariendom die Besucher. In jedem Fall ist die zweitgrößte Kirche nach dem Kölner Dom im Erzbistum Köln ein bedeutendes Beispiel neuzeitlicher Kirchenarchitektur, das es zu besuchen und zu besichtigen lohnt. Der Bau erinnert auf den ersten Blick an eine sich auftürmende Felsenskulptur, andere erkennen ein Pilgerzelt oder auch einen Affenfelsen.

Ein Besuch des Innern der Kirche ist unbedingt zu empfehlen. Sehr beeindruckend ist der großzügige Zentralraum mit dem Altar im Zentrum des Kirchenraums, der durch ein über 2700 Quadratmeter großes und frei tragendes Faltwerkdach nach oben abgeschlossen wird. Das schlichte Betongrau der Wände steht dabei im Gegensatz zu den farbigen und großflächigen Fenstern, die häufig mit Rosenmotiven verziert sind.

Der schlichte Altar im Mariendom

Nach dem Verlassen des Mariendoms wird man nur wenige hundert Meter entfernt wieder bergisch geerdet, wenn der „Rundling" genannte historische Ortskern von Neviges rund um die Evangelische Stadtkirche erreicht ist. Gut erhaltene bergische Fachwerkhäuser im bergischen Dreiklang aus schwarz-weißem Fachwerk und grünen Fensterläden laden zum Verweilen und Entdecken ein.

Am Rundling

Am nördlichen Ortsrand von Neviges lohnt zudem ein Besuch des Schlosses Hardenberg, einer Schlossanlage aus dem 15. Jahrhundert, bestehend aus Herrenhaus, Vorburg und Mühlengebäude sowie umgebender Gartenanlage.

Urkundlich erwähnt wurde der Wohnsitz der Hardenberger Herren allerdings erstmals bereits im Dezember 1354. In der Folgezeit bis ins 19. Jahrhundert hinein wechselte die Anlage häufig die Besitzer, bis im Jahr 1939 die Stadt Velbert das Anwesen kaufte. Die Vorburg wird seit ihrer Sanierung als Veranstaltungshaus genutzt, das Herrenhaus wurde 2003 wegen baubedingter Schäden geschlossen und wird aktuell (geplant bis 2026) zu einem Erlebniszentrum für Natur und Umwelt umgestaltet.

Schloss Hardenberg

Perfekt erwandern lassen sich die Nevigeser Gegensätze auf der knapp fünf Kilometer langen Entdeckerschleife „Protestanten und Franziskaner", die auf naturbelassenen Pfaden auch einen Fernblick auf den benachbarten Stadtteil Langenberg und seine Senderanlage ermöglicht.

Info

Lage: Velbert liegt etwa 25 Kilometer nordöstlich von Düsseldorf. Velbert-Neviges liegt etwa acht Kilometer südwestlich des Velberter Stadtzentrums.

Website: *wallfahrt-neviges.de*

Aktivitäten:

- Kreuzweg: Am Hang des Kreuzbergs gelegener Wallfahrtsweg, der den Leidensweg Christi an 14 bebilderten Kreuzweg-Stationen nachbildet.
- Entdeckerschleife „Protestanten und Franziskaner": Länge knapp fünf Kilometer, 96 Höhenmeter: *neanderland.de/tour/entdeckerschleife-protestanten-und-franziskaner* (inkl. GPX-Download)
- Schloss- und Beschlägemuseum Velbert: siehe Tipp 21
- Velbert-Langenberg: siehe Tipp 22

24 Ratingen

WASSERBURG „HAUS ZUM HAUS“

Am nördliche Stadtrand von Ratingen gelegen – eingebettet in eine idyllische Weidelandschaft – liegt eine gut erhaltene Wasserburg mit dem eigentümlichen Namen „Haus zum Haus“, die sich zwar im Privatbesitz befindet, aber inklusive Burginnenhof frei besichtigt werden kann.

Vermutlich bereits im 9. Jahrhundert wurde an der Stelle der heutigen Burg eine feste Hofanlage errichtet, die jedoch im 12. Jahrhundert einem Feuer zum Opfer fiel. Etwa um das Jahr 1276 errichtete die Adelsfamilie von Haus die Wasserburg, die als Teil einer Verteidigungsanlage entlang des Flüsschens Anger ausgebaut wurde. Die Familie gab dem „festen Haus“ auch seinen eigenwilligen Namen. Im 16. Jahrhundert erfolgte die Erweiterung um eine Vorburg mit Ställen und weiteren Häusern.

Das „Haus zum Haus“ wechselte in den folgenden Jahrhunderten mehrfach die Besitzer, bis 1783 die Familie des Grafen von Spee die Wasserburg übernahm. 1972 schenkte die Familie das heruntergekommene Anwesen der Stadt Ratingen. Der Architekt Bruno Lambert übernahm die Burg anschließend im Erbbaurecht, restaurierte und erweiterte sie um moderne Anbauten, die auf den ersten Blick optisch kaum von der Altanlage zu unterscheiden sind. Die Kulturstiftung der Wasserburg zum Haus veranstaltet im „Konzert-Haus zum Haus" oder im Sommer auch im idyllischen Burghof Konzerte. Aber auch die bildende Kunst und die Literatur sind durch Ausstellungen und Lesungen Bestandteile des Förderkonzepts der Kulturstiftung.

Wasserburg „Haus zum Haus"

Verbinden lässt sich der Besuch der Wasserburg „Haus zum Haus" mit einem Spaziergang auf dem etwas über drei Kilometer langen Rundwanderweg A3 Junkernbusch, der durch die Auenlandschaft der Anger und zur Ratinger Jugendherberge führt. Alternativ lohnt ein Besuch des städtischen Poensgenparks, der ein schönes Beispiel für einen Landschaftspark aus der Zeit des späten 19. und frühen 20. Jahrhunderts ist.

Im Innenhof der Wasserburg

Info

Lage: Ratingen grenzt nordwestlich an Düsseldorf an.

Adresse: Wasserburg „Haus zum Haus", Haus zum Haus 10, 40878 Ratingen

Website: *wasserburg-zum-haus.de*

25 Textilfabrik Cromford

AUF DEN SPUREN DER INDUSTRIELLEN REVOLUTION

Idyllisch in einem alten englischen Landschaftspark im Ratinger Norden, unmittelbar am kleinen Fluss Anger, liegt das LVR-Industriemuseum Textilfabrik Cromford. Ein faszinierender Ort, der Besucher auf eine spannende Reise in die Vergangenheit der industriellen Revolution mitnimmt.

Die Textilfabrik Cromford wurde im Jahr 1783 von Johann Gottfried Brügelmann gegründet. Brügelmann war ein visionärer Unternehmer und erkannte frühzeitig das enorme Potenzial der mechanischen Textilproduktion. Die Fabrik wurde nach dem Vorbild englischer Spinnereien errichtet und war die erste ihrer Art auf dem europäischen Festland. Dies markierte den Beginn der industriellen Revolution in Deutschland. Den Betrieb nahm die Fabrik mit 70 bis 80 Beschäftigten auf, 1797 arbeiteten dort bereits 226 Personen, davon etwa 75 Prozent Kinder und Jugendliche. Um das Jahr 1800 beschäftigte die Fabrik unter Einrechnung der Heimarbeiter etwa 400 Personen.

Die Fabrik wuchs schnell und entwickelte sich zu einem wichtigen industriellen Zentrum in der Region. Dieser wirtschaftliche Aufschwung führte zur Ansiedlung weiterer Industrien und trug entscheidend zur Modernisierung der Gesellschaft bei.

Die Erfolgsgeschichte der Fabrikantenfamilie Brügelmann spiegelt sich in den gut erhaltenen Gebäuden und Maschinen des Museums wider. Besucher haben die Möglichkeit, auf den Spuren der Vergangenheit zu wandeln und hautnah zu erleben, wie die Textilproduktion vor über 200 Jahren ablief. Die historischen Webstühle, Spinnmaschinen und Dampfmaschinen vermitteln einen eindrucksvollen Einblick in die damalige Arbeitswelt.

Die originalgetreu nachgebauten Spinnmaschinen

Im ersten Stock der „Hohen Fabrik" stehen der Rohstoff, die Verarbeitungsschritte, aber auch die Gefahren der Arbeit in der Fabrik im Vordergrund. Anhand von originalgetreu nachgebauten Spinnmaschinen lässt sich in öffentlichen Schaubetrieben die Herstellung von Baumwollgarn in allen Schritten nachvollziehen. Heute ist die Textilfabrik Cromford weltweit das einzige Museum, das die Verarbeitung vom Rohstoff Baumwolle zum fertigen Garn an originalgetreu nachgebauten Maschinen aus dem 18. Jahrhundert zeigt.

Die Wasserradanlage setzt die Maschinen in Bewegung

Besonders beeindruckend ist die gigantische Wasserradanlage, die einst als Hauptenergiequelle diente und die riesigen Maschinen in Bewegung setzte. Das Rattern der Webstühle und das Summen der Spinnmaschinen lassen die Vergangenheit wieder lebendig werden. In der zweiten Etage des Museums wird auch die Kinderarbeit thematisiert, die um 1800 ganz selbstverständlich und weit verbreitet war.

Ein Vorprodukt der Baumwollfäden

Den Gegenpol zur Information über die Technik der Baumwollverarbeitung und zu den harten Arbeitsbedingungen bildet das repräsentative barocke Herrenhaus, das bei einem Besuch des Museums ebenfalls besichtigt werden kann. In 14 Räumen mit mehr als 320 Quadratmetern und über 250 Exponaten erhält der Besucher einen Einblick in das Leben der erfolgreichen Unternehmerfamilie in der Zeit zwischen 1800 bis 1848. Dabei diente das Herrenhaus nicht nur als Wohnbereich für die Familie und ihre Dienstboten, es war zugleich auch die Schaltzentrale des Unternehmens.

Zusammenfassend ermöglicht das LVR-Industriemuseum Textilfabrik Cromford einen einzigartigen Einblick in die Geschichte der industriellen Revolution in Deutschland. Die Besucher tauchen in die Welt des 19. Jahrhunderts ein und erfahren hautnah, wie sich die Arbeitswelt und das Leben der Menschen durch die Industrialisierung verändert haben. Die bewahrten Maschinen und die Geschichten der Fabrikantenfamilie Brügelmann machen den Besuch zu einem unvergesslichen Erlebnis und vermitteln ein Stück lebendiger bergischer Geschichte.

Im barocken Herrenhaus

Info

Lage: Ratingen grenzt nordwestlich an Düsseldorf an.

Adresse: Textilfabrik Cromford, Cromforder Allee 24, 40878 Ratingen

Website: *industriemuseum.lvr.de/de/die_museen/ratingen/textilfabrik_cromford.html*

Aktivitäten:

- Besuch des nahe gelegenen Freizeitparks Blauer See mit Naturbühne, Märchenzoo, Minigolfplatz und Wanderwegen: *stadt-ratingen.de* (hier unter Freizeit, Kultur, Sport, Tourismus –Schönes Ratingen – Sehenswürdigkeiten– Blauer See)
- Besichtigung der Wasserburg Haus zum Haus: siehe Tipp 24

26 Zeittunnel Wülfrath

ZEITREISE IN DIE ERDGESCHICHTE

400 Millionen Jahre Erdgeschichte in weniger als einer Stunde erleben? Das geht an einem ganz besonderen Ort: dem Zeittunnel Wülfrath.

Eingang des Zeittunnels Wülfrath

Wenn man es ganz streng nimmt, dann ist der Zeittunnel in Wülfrath nur ein Transport- und Förderstollen zum ehemaligen Kalk-Abbaugebiet im Bochumer Bruch. Der 160 Meter lange Tunnel ist jedoch mehr als das. Denn hier lassen sich acht Erdzeitalter auf spannende Art entdecken.

Auf elf Inseln reisen Besucher durch die Zeit, bleiben jedoch immer am selben Ort. Der Tunnel startet im Devon, vor etwa 400 Millionen Jahren. Hier wurde der Grundstein für das Kalkvorkommen in der Region gelegt. Damals lag Wülfrath mitten in einem riesigen Meer, der Kalk besteht aus Muschelvorkommen der damaligen Zeit. Das Erdaltertum wird durch das Erdmittelalter abgelöst, in dem die Dinosaurier unsere Welt bevölkerten und natürlich auch im Bergischen unterwegs waren.

Auf der Tour durch die Zeit lassen sich einige besondere Bewohner des Bochumer Bruchs kennenlernen. So sind Kinder vom Gebrüll des Raubsauriers Megalosaurus überrascht und staunen über den Fußabdruck des Archäopteryx.

In den „Zeitaltern" erfahren Gäste des Zeittunnels nicht nur etwas über die typischen Eigenarten dieser Zeit und die Entwicklung der Lebewesen und des Klimas, es gibt auch spannende Fakten über die Kontinentalverschiebung. Wer hätte gedacht, dass noch vor 20 Millionen Jahren große Teile von Europa unter Wasser waren?

Durch verschiedene Interaktive Stationen wird ein Besuch hier für jedermann spannend. Übrigens: Auch wenn der Zeittunnel nicht den Anspruch hat, ein Museum zu sein, sind in der Ausstellung auch Originalfossilien der Region recht oft zu finden.

Förderung im Bochumer Bruch anschaulich erklärt

Trotz der interaktiven Plattformen wirkt der 160 Meter lange Tunnel so, als hätten die Förderarbeiter ihre Arbeit gerade beendet. Entlang der Strecke sind an der Wand Gesteine aus dem Abbau zu finden, an einigen Stellen mit Licht besonders in Szene gesetzt. So kommt auch die industrielle Vergangenheit dieses Ortes nicht zu kurz.

Gesteine aus Wülfrath im Zeittunnel

Am Ende der Zeitreise geht es zurück in die Gegenwart. Ein beeindruckender Blick auf den Bochumer Bruch ist von der Aussichtsplattform Zeitsprung möglich. Auch hier wird auf spannenden Tafeln über die Geschichte des Bochumer Bruchs informiert.

50 Meter über der tiefsten Stelle des ehemaligen Kalkabbaugebietes lassen sich bei gutem Wetter auch oft emsige Kletterer beobachten, denn in Teilen der 16 Hektar großen Grube werden seit 2006 vom Deutschen Alpenverein über 90 Kletterrouten angeboten. Das Klettern hier ist jedoch nichts für Gelegenheitskletterer. Bei Steilwänden mit bis zu 70 Meter Höhe sind Vorstiegserfahrung, Helm und die Registrierung unbedingte Pflicht.

Wenn sich Kinder im Anschluss an die Zeitreise selbst mal auf die Suche nach Fossilien machen wollen, vor Ort gibt es auch einen sogenannten „Klopfplatz". In der Fossilienfundstätte können die

Blick auf das ehemalige Abbaugebiet

Kleinen selbst nach Fundstücken aus den letzten 400 Millionen Jahren graben und diese aus dem Gestein „klopfen".

In regelmäßigen Abständen werden im Zeittunnel Führungen angeboten, die einen noch tieferen Einblick in die verschiedenen Epochen der Zeitgeschichte geben. Auch Exkursionen in das umliegende Naturschutzgebiet und die Wildnis von Wülfrath sind hier möglich.

Eine besonders gelungene Renaturierung eines Kalk-Abbaugebietes ist im nur wenige hundert Meter entfernten Schlupkothener Bruch zu sehen. Rund um das Landschaftsschutzgebiet des Schlupkothener Sees führt ein spannender Wanderweg, der sich gut mit einem Ausflug in den Zeittunnel kombinieren lässt.

Info

Lage: Wülfrath liegt etwa 18 Kilometer östlich von Düsseldorf.

Adresse: Zeittunnel Wülfrath, Hammerstein 5, 42489 Wülfrath

Websites:
- *zeittunnel.com*
- *bochumer-bruch.de*

HINWEISE:
- Im Tunnel herrscht eine Temperatur von 16 Grad Celsius: Es wird empfohlen, sowohl festes Schuhwerk als auch ein warmes Kleidungsstück mitzubringen.
- Der Zeittunnel und die Aussichtsplattform sind für Rollstuhlfahrer geeignet.

27 Erlebniswelt Neandertal

ZU BESUCH BEI „MR. N“

Der Neanderthaler – jeder kennt ihn, jeder hat ein vermeintliches Bild von ihm. Vor mehr als 160 Jahren wurden seine Knochen nicht weit von der Stelle gefunden, an der heute das Neanderthal Museum steht. Aber nicht nur das Museum lockt nach Mettmann, entstanden ist eine Erlebniswelt, die ihresgleichen sucht.

Das Neanderthal Museum

Er ist der Star der Ausstellung: „Mr. N", der – nackt, mit wilder Haar- und Bartpracht sowie lässig mit seinem langen Speer auf einem knallgelben Podest posierend – den Besucher schon von Weitem freundlich und lebensecht anlächelt. Kaum zu glauben, dass es sich um eine Rekonstruktion des 1856 weltweit ersten gefundenen Neanderthalers handelt.

1996 wurde ihm und der Menschheitsgeschichte das Neanderthal Museum gewidmet, das sich zu einem der beliebtesten und modernsten archäologischen Museen in Europa entwickelt hat. Jährlich strömen bis zu 160.000 Besucher in das Museum. Hier erlebt der Besucher eine multimediale Zeitreise, in der die Geschichte der Menschheit von ihren Anfängen bis in die Gegenwart präsentiert wird. Besonders beeindruckend sind die zahlreichen lebensechten Rekonstruktionen, von der Australopitecus-Frau „Lucy" über das Neanderthaler-Mädchen „Kina" bis hin zum Mammutbaby „Tinka".

Das Neanderthaler-Mädchen Kina

Architektonisch ist die Reise durch die Geschichte der Menschheit durch eine spiralförmig ansteigende Rampe gekennzeichnet, die den Besucher über vier Ebenen audiovisuell durch die Evolution führt. Sehr empfehlenswert ist es, die Ausstellung per Audioguide (über die Neanderthal App oder kostenlose Kopfhörer) zu durchlaufen.

Die Entwicklungsgeschichte des Menschen

Der Gang durch das Museum beginnt mit der Fundgeschichte des Neanderthalers, bevor die Entwicklungsgeschichte hin zum Menschen der Jetztzeit (Homo sapiens sapiens) mit sechs lebensechten Nachbildungen visuell beeindruckend präsentiert wird.

Der Themenraum Werkzeug und Wissen

Weiter geht es für den Besucher durch insgesamt fünf Themenräume (Leben und Überleben, Werkzeug und Wissen, Mythos und Religion, Umwelt und Ernährung, Kommunikation und Gesellschaft), in denen – mit einem Schwerpunkt jeweils auf dem Neanderthaler – ein chronologischer Abriss der Menschheitsentwicklung im entsprechenden Themenfeld präsentiert wird.

Einige der Ausstellungsstücke dürfen im Museum auch angefasst, steinzeitliche Techniken ausprobiert werden. Für Kinder wird zudem ein „SteinzeitActionPack" verkauft, mit dem die gesamte Erlebniswelt Neandertal auch spielerisch entdeckt werden kann.

Nach dem Museumsbesuch lohnt es sich, den etwa 400 Meter langen Fußweg zur ehemaligen Feldhofer Grotte, der Fundstelle des Neanderthalers, in Angriff zu nehmen. Der Eintritt ist im Ticket für den Museumsbesuch bereits enthalten. Schon der Weg dorthin wartet mit weiteren Informationen rund um den Fund des Neanderthalers auf. Lebensgroße Silhouetten von Zeitzeugen wie ein Steinbrucharbeiter erzählen an Hörstationen Wissenswertes zur Geschichte des Neanderthals und zum Knochenfund im Jahr 1856.

Der Erlebnisturm Höhlenblick

Absolutes Highlight an der Fundstelle ist der im Dezember 2022 eröffnete, 22 Meter hohe Erlebnisturm Höhlenblick. Das Wahrzeichen des Turms ist die als Schädelkalotte gestaltete

Im Innern des Erlebnisturms

Kuppel mit einer Länge von neun Metern und einem Gewicht von sechs Tonnen. Wie auch das Museum ist der Turm über 360 Meter lange Rampen barrierefrei zu begehen. Unterwegs lohnt immer wieder ein kurzer Stopp mit Informationstafeln und Audiostories von Zeitzeugen der Talgeschichte. Der Turm endet auf der Höhe, auf der sich die Höhle befand, in der die Knochen des Neanderthalers 1856 gefunden wurden. Dort befinden sich auch Nachbildungen von 16 Knochen. Über einen QR-Code können Besucher ein 360-Grad-Video der Fundhöhle Feldhofer Grotte abrufen. Zu sehen ist dabei eine Begräbnisszene mit der Niederlegung des Leichnams des berühmten Neanderthalers.

„Fernrohre" am Rand der oberen Plattform ermöglichen eine großartige Augmented-Reality-Erlebnisreise, die zurückführt in die Zeit der Neanderthaler. Die Besucher blicken in die tiefe eiszeitliche Schlucht und beobachten Neanderthaler bei der Wisentjagd, sehen ihr Alltagsleben am Lagerplatz vor der Neanderhöhle, erspähen Mammutherden in der Ferne und sind Zeugen, wenn der gewaltige Höhlenlöwe zum Sprung ansetzt, um einen Riesenhirsch zu reißen.

Der Steinzeitspielplatz

Mit Kindern lohnt anschließend der Besuch des Steinzeitspielplatzes, der sich direkt gegenüber dem

Museum befindet. Auf über 2000 Quadratmetern Fläche können sich die kleinen und großen Kinder mit Klettern, Toben und Verstecken in der Bärenhöhle austoben.

Ein weiteres Highlight der Erlebniswelt Neandertal ist das Eiszeitliche Wildgehege, das bereits 1935 angelegt worden ist und vom Museum aus auf zwei unterschiedlich langen Rundwegen erkundet werden kann. Hier können Nachzüchtungen von Auerochsen und Tarpanen (Wildpferde) sowie Wisente beobachtet werden. Eine Garantie auf die Sichtung der Tiere gibt es zwar nicht, da die Gehege sehr weitläufig angelegt sind, aber die Wanderung lohnt allemal und kann auch außerhalb der Öffnungszeiten des Museums begangen werden.

In einem ehemaligen Gebäude des Neanderthal-Museums, etwa 400 Meter die Düssel aufwärts vom aktuellen Museumsgebäude entfernt, liegt die Steinzeitwerkstatt. In vorab buchbaren Work-

Auerochsen im Eiszeitlichen Wildgehege

shops für Familien, Schulklassen und Erwachsene können in den großzügigen Werkräumen und einem nachgebildeten Höhlenraum unter anderem Steinzeittechniken wie Bogenschießen, die Bearbeitung von Feuersteinen oder die Herstellung von Tongefäßen erlernt werden.

„MenschenSpuren" heißt der etwa zwei Kilometer lange Rundweg entlang der Düssel, für den internationale Bildhauer Werke zum Spannungsfeld zwischen Mensch und Natur geschaffen haben, die sich auf unterschiedliche Weise mit der Landschaft verbinden und zum Teil aktiv entdeckt werden müssen. Audiotexte der Künstlerinnen und Künstler, die über Drehkurbeln an Lautsprechern hörbar werden, ermöglichen ein tieferes Verständnis für die Arbeiten.

Zum Abschluss eines ereignisreichen Tages bleibt nur ein Fazit: Die Erlebniswelt Neandertal bietet über seine verschiedenen Bausteine ein abwechslungsreiches Abenteuer, an dem der Besucher mit allen seinen Sinnen die Geschichte der Menschheit erleben kann.

Info

Lage: Mettmann liegt etwa 13 Kilometer östlich von Düsseldorf. Das Neanderthal Museum befindet sich etwa vier Kilometer von der Mettmanner Innenstadt entfernt im Neandertal, an der Stadtgrenze zu Erkrath. Die Anreise wird per ÖPNV empfohlen, zum Beispiel mit der S-Bahnlinie S28 (Regiobahn), Haltepunkt Mettmann Neanderthal.

Adresse: Erlebniswelt Neandertal, Talstraße 300, 40822 Mettmann

Website: *neanderthal.de*

Einkehren:

- Hotel und Restaurant Becher, Talstraße 310, 40822 Mettmann

Aktivitäten:

- Wanderung Entdeckerschleife „Denkmalroute Alt-Erkrath": Länge etwa 13 Kilometer, etwa 200 Höhenmeter, *neanderland.de/tour/entdeckerschleife-denkmalroute-alt-erkrath*
- Alte Bürgermeisterei und Stadtgeschichtshaus Mettmann: Auf drei Etagen wird Wissenswertes über die Geschichte der Stadt Mettmann präsentiert (nur an Samstagen), *neanderland.de/poi/alte-buergermeisterei-und-stadtgeschichtshaus-mettmann*

HINWEISE:

- Wer das Museum staubfrei und mit Humor entdecken möchte, dem seien die Erlebnis-Führungen „Dem Hausmeister seine Steinzeit" oder „Mit dem Wischmopp durch die Steinzeit" wärmstens empfohlen (für Gruppen, Firmen und Vereine).
- Beliebt ist auch der regelmäßig angebotene „Doggy Day", bei dem Hundebesitzer auch mit ihrem Vierbeiner das Museum entdecken können.

28 Gruiten

WO DIE DÜSSEL IHRE KLEINE SCHWESTER TRIFFT

Fährt man von Mettmann nach Haan, so kann es passieren, dass man die Abfahrt in den historischen Ortskern von Gruiten verpasst. Früher führte die Straße direkt über die Pastor-Vömel-Straße durch den historischen Ortskern, mit dem Bau einer Umgehungsstraße wurde dieser glücklicherweise vom Durchgangsverkehr befreit. Daher lässt sich heutzutage die Fachwerkidylle hier entspannt genießen.

Würde man ein typisches Bergisches Dorf auf dem Reißbrett erstellen wollen, so wäre der Haaner Ortsteil Gruiten eine perfekte Blaupause. Der historische Ortskern mit seinen zahlreichen wunderschön restaurierten und denkmalgeschützten Fachwerkhäusern sowie einigen mit Kopfstein gepflasterten Straßen ist ein echtes niederbergisches Kleinod.

Bereits um das Jahr 1000 ist eine erste Besiedelung an der Mündung der Kleinen Düssel (Mühlbach) in die Düssel nachweisbar; über viele Jahrhunderte bis in die 1960er-Jahre prägte der Kalkabbau den Ort.

Zahlreiche gut erhaltene Fachwerkgebäude verleihen Gruiten einen einzigartigen Charme. Das älteste Wohnhaus ist das „Haus am Quall“, dessen erste urkundliche Erwähnung Anfang des 13. Jahrhunderts als „Ualle“ nachweisbar ist. In den Jahren 1978 bis 1980 wurde das Haus durch den Architekten Rudi van Eis rekonstruiert und neu aufgebaut, 1999 vom Förderverein Haus am Quall übernommen und bis

2002 mithilfe zahlreicher ehrenamtlich tätiger Mitarbeiter aufwendig restauriert. Heute kann das Haus am Quall für Trauungen und Veranstaltungen gebucht werden. Ein weiteres sehenswertes Gebäude ist das „Doktorhaus", das Mitte des 18. Jahrhunderts errichtet wurde und etwas oberhalb der Düssel liegt.

Gruiten

Sehenswert ist auch der Alte Nikolausturm, der auf dem katholischen Friedhof am Ortsrand steht. Hierbei handelt es sich um das älteste noch erhaltene Bauwerk der Stadt Haan. Das dazugehörige Kirchenschiff wurde im 19. Jahrhundert abgebrochen, der Turm sowie die ihn umgebende sogenannte Welschenmauer stehen unter Denkmalschutz.

Info

Lage: Gruiten ist ein Ortsteil der Stadt Haan und liegt etwa fünf Kilometer südöstlich der Kreisstadt Mettmann.

Einkehren:

- Café im Dorf: Pastor-Vömel-Straße 20, 42781 Haan, cafe-im-dorf.net
- Palazzo im Wiedenhof: Pastor-Vömel-Straße 30, 42781 Haan

Aktivitäten:

- Wandern auf der Entdeckerschleife Kalkspuren: etwa neun Kilometer, neanderland.de/tour/entdecker-schleife-kalkspuren (inkl. GPX-Download)
- Besuch des Neanderthal Museums und der Erlebniswelt Neandertal (siehe Tipp 27)

Website: *bvv-gruiten.de*

29 Wasserski Langenfeld

DIE PERFEKTE BAHN UND WELLE

Wasserski im Bergischen Land? Das klingt erst einmal ungewöhnlich. Aber tatsächlich findet sich in Langenfeld laut Betreiber die weltgrößte Wasserskianlage, die mit sechs Seilbahnanlagen, einer stehenden Welle zum Surfen und Liegewiese mit Strandambiente einiges zu bieten hat.

Blick auf eine der sechs Bahnen

Bereits in den 1970er-Jahren hatte Wilhelm Süß die Vision, auf dem Gelände seiner ehemaligen Kiesbaggerei eine Wasserskianlage zu errichten. Inspirieren ließ er sich bei der Idee von entsprechenden Anlagen in Süddeutschland. 1976 wurde der Traum Wirklichkeit und mittlerweile liegt die Verantwortung für den Familienbetrieb in den Händen seines Sohnes Johannes und der beiden Enkel Florian und Benjamin.

Die Anlage wurde im Laufe der Jahre kontinuierlich ausgebaut, mittlerweile gibt es sechs Bahnen auf drei Seen, auf denen Anfänger und Profis auf Wasserskiern und dem Wakeboard ihre Runden ziehen können.

Liegewiese mit Badebereich

Die Minibahnen für Anfänger

Seit 2018 ist eine stehende Surfwelle eine weitere Attraktion. Inspiriert vom Münchner Eisbach erzeugen zwölf Pumpen eine acht Meter breite Welle, die auf unterschiedliche Schwierigkeitsstufen, je nach Fahrkönnen, eingestellt werden kann.

Aber nicht nur das aktive Wasserskifahren und Surfen lohnt sich, auch Zuschauer und Sonnenanbeter kommen auf ihre Kosten. Auf der Liegewiese mit Badebereich lockt ein Kurzurlaub am Strand. Von hier hat man zudem einen guten Blick auf die Minibahnen für Anfänger

Info

Lage: Langenfeld liegt etwa 15 Kilometer südlich von Düsseldorf.

Adresse: Wasserski Langenfeld, Baumbacher Straße 88, 40764 Langenfeld

Website: *wasserski-langenfeld.de*

Aktivitäten:

- Besuch des Stadtmuseums Langenfeld: Präsentiert wird in der Dauerausstellung die Stadtgeschichte von Langenberg von archäologischen Funden aus der Frühzeit über römischen Spuren und die Industrialisierung bis in die Jetztzeit, *stadtmuseum-langenfeld.de*
- Besichtigung der Wasserburg Haus Graven: *haus-graven.de*
- Besichtigung Haus Bürgel und der Urdenbacher Kämpe: siehe Tipp 30
- Spaziergang durch den Landschaftspark Rheinbogen: siehe Tipp 31

und die Surfwelle. Eine perfekte Zuwegung zu allen drei Seen ermöglicht zum einen Bewegung, aber natürlich auch gute Sicht auf alle Bahnen mit ihren entsprechenden Highlights.

An mehreren Stellen an allen drei Seen sind zudem Grillplätze eingerichtet, die separat, aber nur in Verbindung mit einer Bahnmiete buchbar und damit insbesondere für Events oder größere Gruppen interessant sind. An einer Beachbar und einem Imbiss können sich die Besucher mit Getränken und Speisen versorgen, wer sich lieber bedienen lassen möchte, ist im Seehaus mit freiem Blick auf den See gut aufgehoben.

30 Haus Bürgel

AUF DEN SPUREN DER RÖMER

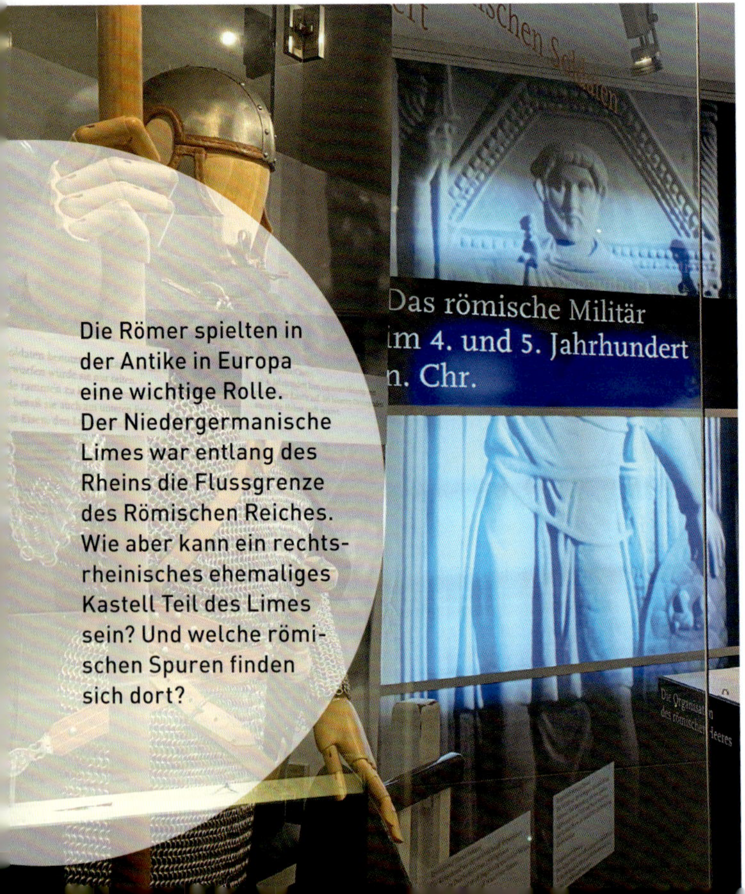

Die Römer spielten in der Antike in Europa eine wichtige Rolle. Der Niedergermanische Limes war entlang des Rheins die Flussgrenze des Römischen Reiches. Wie aber kann ein rechtsrheinisches ehemaliges Kastell Teil des Limes sein? Und welche römischen Spuren finden sich dort?

Haus Bürgel

Wer mehr über das Leben im Römerkastell erfahren will und in die Geschichte von Haus Bürgel eintauchen möchte, muss dazu nicht weit vor die Tore der Landeshauptstadt Düsseldorf fahren. In der Urdenbacher Kämpe befindet sich ein auf den ersten Blick recht unscheinbares Gut, ein paar Hühner laufen herum und ein paar Pferde schauen neugierig um die Ecke.

Noch heute hat das Gut „Haus Bürgel" die Form des römischen Auxiliarkastells, welches im 4. Jahrhundert n. Chr. erbaut und zur Verteidigung der Grenze des Römischen Reiches, dem Limes, errichtet wurde. Damals gab es zwölf Türme auf einer Fläche von 64 mal 64 Metern: ein Ort der Verteidigung. Die Fundamente des römischen Kastells sind auf dem archäologischen Außenpfad des Hauses Bürgel immer noch sichtbar.

Die Geschichte der Römer in der Urdenbacher Kämpe beginnt jedoch schon viel früher: Bereits aus dem ersten Jahrhundert nach Christus konnten Siedlungsspuren der Römer auf dem Gelände von Haus Bürgel nachgewiesen werden. 1993 stieß man

Siedlungsspuren der Römer in Haus Bürgel

bei Grabungsarbeiten auf 70 ältere römische Gräber, die mit dem spätantiken Kastell nichts zu tun haben. Im Römischen Museum lassen sich viele Fundstücke der Ausgrabung finden. In mehreren kleinen Ausstellungsräumen kann man so den Alltag zu Zeiten der Römer nachvollziehen.

Schon ein Jahrhundert nach dem Bau des Kastells wurde das Rheinland von den Germanen erobert und die hölzernen Bestandteile der Römerbauten brannten ab. Dann wurde es lange ruhig rund um Bürgel. Erst um 1000 n. Chr. gibt es Quellen, die das Castrum de Burgula erwähnen. Auf dem Gelände der römischen Wehranlage wurde eine fränkische Burg errichtet.

In den darauffolgenden Jahrhunderten wechselte das Gut mehrmals den Besitzer. Bis zum heutigen Tag wird es als Hofanlage unter dem Namen „Haus Bürgel" genutzt. Neben dem römischen Museum befindet sich auf dem Gelände auch ein Nutzgarten, in dem Pflanzen angebaut werden, die Römer, Germanen und spätere Bewohner von Haus Bürgel für die Zubereitung ihrer Speisen benötigten. Die Tiere des Hofes gehören zu einer Kaltblutzucht und einer Pferdepension.

Biologische Station im Haus Bürgel

Doch wie wechselte Haus Bürgel die Rheinseite? Im Jahr 1374 gab es ein schlimmes Rheinhochwasser. Infolgedessen suchte der Rhein ein neues Flussbett und Haus Bürgel war plötzlich rechtsrheinisch.

Altrhein Wanderung

Wer heute rund um das Haus Bürgel wandern geht, wird die wunderschöne Auenlandschaft rund um den Altrhein, auch Urdenbacher Kämpe genannt, sicherlich schnell entdecken. Sie lädt zu einer Wanderung ein und ist in jeder Jahreszeit sehenswert. Auf dem Rückweg empfiehlt sich der Blick auf die Streuobstwiesen rund um das Haus Bürgel. Hier wachsen viele alte Obstsorten. Mehr Informationen gibt es an der Biologischen Station, die ebenfalls im Haus Bürgel beheimatet ist.

Jeden ersten Sonntag im Monat kann man im Römischen Museum an einer öffentlichen Führung teilnehmen. Ebenfalls erwähnenswert sind die verschiedenen Events rund um Haus Bürgel. Am Deutschen Museumstag und am Tag des offenen Denkmals finden hier besondere Aktionen rund um das Römertum statt.

Knapp zwei Kilometer von Haus Bürgel setzt eine Autofähre nach Dormagen über. Hier bietet sich ein Abstecher nach Zons an. Die kleine Mittelalterstadt besitzt eine nahezu vollständig erhaltene Stadtmauer, mittelalterliche Türme, eine Windmühle und gleich drei Eisdielen für eine gemütliche Einkehr.

Info

Lage: Monheim und Haus Bürgel sind knapp 15 bzw. zehn Kilometer in südlicher Richtung von Düsseldorf entfernt.

Adresse: Haus Bürgel, Urdenbacher Weg, 40789 Monheim am Rhein

Website: *hausbuergel.de*

HINWEIS: Mit dem Fahrrad sind es von Haus Bürgel nur wenige Minuten bis Monheim (siehe Tipp 31).

31 Monheim

STADT AM RHEINBOGEN

Eine der innovativsten Städte in NRW befindet sich am Rande des Bergischen Landes: Monheim. Hier erleben Gäste und Einheimische selbst fahrende Busse, Geysire im Kreisverkehr und eine besondere Entdeckungsreise durch Natur und Kultur.

Monheim liegt rechtsrheinisch, zwischen den beiden Metropolen Köln und Düsseldorf. Sie ist die am tiefsten liegende Stadt in der ansonsten sehr hügelig geprägten bergischen Landschaft. Die Kleinstadt im Kreis Mettmann hat zwei Stadtteile: Baumberg und Monheim. Sie ist aufgrund ihrer direkten Lage am Rhein ein beliebtes Ausflugsziel für Fahrradfahrer.

Um Monheim ranken sich viele Geschichten und Sagen. Ob Gänseliesel, die sogar Teil des Stadtwappen ist, oder die Sage um den lustigen Spielmann von Monheim – es gibt viel Stoff für spannende Führungen durch das Stadtzentrum. Eine tolle und sehr interaktive Möglichkeit ist die MonChronik-App. Mithilfe der Augmented-Reality-App führt eine Gans durch die Stadt. Als Wegweiser finden sich Gänsefüßchen in den Straßen und Gassen der Innenstadt.

Monheims Wappentier

Im Landschaftspark Rheinbogen gibt es einen etwa drei Kilometer langen Naturerlebnispfad mit zahlreichen interaktiven Stationen zu entdecken. An aktuell elf Stationen erfahren Jung und Alt so einiges über Wildbienen, den Lauf des Rheins, Streuobstwiesen, Feuchtbiotope und den Deich. Die Stationen sind interaktiv gestaltet und laden zum Mitmachen ein. Und wer Glück hat, der kann beim Ausruhen auf den Liegen vor der Station 6 ein paar Hochlandrinder beim Grasen beobachten. Auch das

Auf dem Naturpfad

Schottische Rinder auf dem Naturlehrpfad

Wildbienen leben in der Rheinaue bei Monheim

Thema Landwirtschaft – in der Rheinregion allgegenwärtig – wird mit zwei Tafeln erläutert.

Der Landschaftspark selbst hat aber noch viel mehr zu bieten. Es gibt einen Wasserspielplatz, einen Skatepark, einen Gokart- und Fahrradverleih, einen Fitness-Parcours und für die schönen Tage auch eine Picknickwiese. In den Sommermonaten rundet ein Eisstand das familienfreundliche Angebot ab.

Durch das Monheimer Stadtzentrum fährt eine deutschlandweit einmalige Buslinie. In kleinen Bussen für maximal zwölf Personen lässt sich bei 16 Kilometern in der Stunde zwar kein

Geschwindigkeits-Preis gewinnen, dafür fahren diese Busse autonom, also ohne Fahrer. Keine Sorge, zur Sicherheit ist immer noch ein Operator an Bord. Knapp zwei Kilometer führt die Strecke vom Busbahnhof durch Monheims Altstadt. Die Mitfahrt ist mit einem ganz normalen Nahverkehrsticket möglich. Wer das Glück hat, hier zu wohnen, kommt seit 2020 zudem in den Genuss von kostenlosem Nahverkehr in Monheim und Langenfeld. Der Monheim Pass macht es möglich.

Autonom fahrender Bus

Wer mit dem Rad von Köln nach Düsseldorf fährt und dabei rechtsrheinisch unterwegs ist, wird eine der besonderen Kunstinstallationen von Monheim schon entdeckt haben. Der Kreisverkehr „Haste Töne" liegt etwas abseits von Monheims Stadtzentrum und ist ein wirklich sehenswertes Kunstwerk. Hier wurde ein Plattenspieler nachgebildet: in der Mitte des Kreisels ein Plattenpuck, an der Seite der Plattenspielerarm in Übergröße. Und das ist nicht der einzige Kreisverkehr mit Kunst. Unweit der Rheinpromenade gibt es wohl das einzige Auto-Rondell Deutschlands mit einem Geysir. Dessen Ausbrüche richten sich nach verschiedenen Parametern wie etwa Sonnenstunden, Temperatur, Wind und Uhrzeit. Das Kunstwerk von Thomas Stricker bringt bei diesem Ereignis den Verkehr zum Erliegen und die Besucher zum Staunen. Zu schade, dass es anschließend bis zum nächsten Ausbruch 64

Kreisverkehr mit ruhendem Geysir

Kunst in Monheim

Sonnenstunden dauert. Der mystische Dampf im Kreisverkehr entschädigt da ein wenig. Und es gibt noch ein weiteres Street-Art-Kunstwerk. Am Kreisverkehr Baumberger Chaussee / Knipprather Straße steht der „Schrei nach Freiheit" von Saman Hidayat. Der irakische Bildhauer schenkte das sehr symbolträchtige Kunstwerk der Stadt Monheim. Er selbst lebt seit 2015 hier.

Auch außerhalb der Straßen gibt es in der rheinischen Stadt viel Kunst zu entdecken. Das neueste Projekt ist der monheim_cube von Mischa Kumball. Die Lichtinstallation wird durch die Menschen in verschiedenen Teilen der Stadt gesteuert. Über deren Bewegung ändern sich Erscheinung und Klang des zentralen Lichtwürfels. Tony Cragg hat mit „Points of View" ebenfalls zur vielfältigen Kunstszene in Monheim beigetragen. Auch in den kommenden Jahren werden zahlreiche Künstler und Bildhauer hier Projekte im Stadtbild umsetzen.

Wer jetzt Lust auf eine Rast hat, sollte den Aufstieg auf dem 20 Meter hohen Monberg am Rande der Stadt wagen. Auf dessen Spitze befindet sich nach 106 Stufen ein Biergarten. Ideal, um einen schönen Tag in der innovativsten Stadt von NRW ausklingen zu lassen.

Der Aalschokker „Fiat Voluntas"

Auf dem Weg zurück in die Landeshauptstadt empfiehlt sich ein Abstecher in den Monheimer Stadtteil Baumberg. Nicht nur wegen der schönen Radstrecke direkt am Rhein – hier steht auch ein ganz besonderes Museum. Ein Schiff, gestrandet auf dem Trockenen, befindet sich am Wegesrand. Es ist umgeben von einer Plattform und lädt zu einer schönen Rast am Wasser ein. Schon im 14. Jahrhundert war die Fischerei ein wichtiger Wirtschaftszweig in Monheim. Aalschokker-Schiffe wurden von 1800 bis 1990 auf dem Rhein eingesetzt. Das in Monheim Baumberg ausgestellte Exemplar „Fiat Voluntas" bietet in einem winzigen Museum einen Einblick in das Leben eines Aalfischers. Die Ausstellung ist sehr kurzweilig, ein sprechender Kochtopf in der alten Küche begrüßt Gäste, ein Blick in den Salon und in die Schlafkojen inklusive zahlreicher Zeitzeugen-Dokumente ist tagsüber kostenfrei möglich. Die Plattform kann rund um die Uhr genutzt werden. Zum Chillen, aber auch zum Entdecken, denn im Außenbereich sind Tafeln zur Geschichte der Aalfischerei zu finden.

Info

Lage: Monheim ist knapp 15 Kilometer in südlicher Richtung von Düsseldorf entfernt.

Website: *monheim-entdecken.de*

HINWEIS: Die Tour in Monheim lässt sich gut mit einem Besuch von Haus Bürgel (Tipp 30) und einer Visite im Japanischen Park in Leverkusen (Tipp 18) sowie einer Radtour zwischen den Metropolen Düsseldorf und Köln kombinieren.

Blick auf Wuppertal vom Gaskessel in Heckinghausen

Wuppertal

32. Wuppertaler Schwebebahn: Wahrzeichen und Transportmittel über der Wupper
33. Nordbahntrasse: auf 22 Kilometern quer durch die Stadt
34. Beyenburg: mit der Draisine über Bergische Bahntrassen
35. Das Grüne Wuppertal: Natur in der Stadt
36. Gaskessel Wuppertal: Wahrzeichen des Wuppertaler Ostens
37. Skulpturenpark Waldfrieden: Kunst und ein Meisterwerk organischer Baukunst
38. Briller Viertel: Villen im Überfluss
39. Der Grüne Zoo von Wuppertal: Tierbesuch im Park

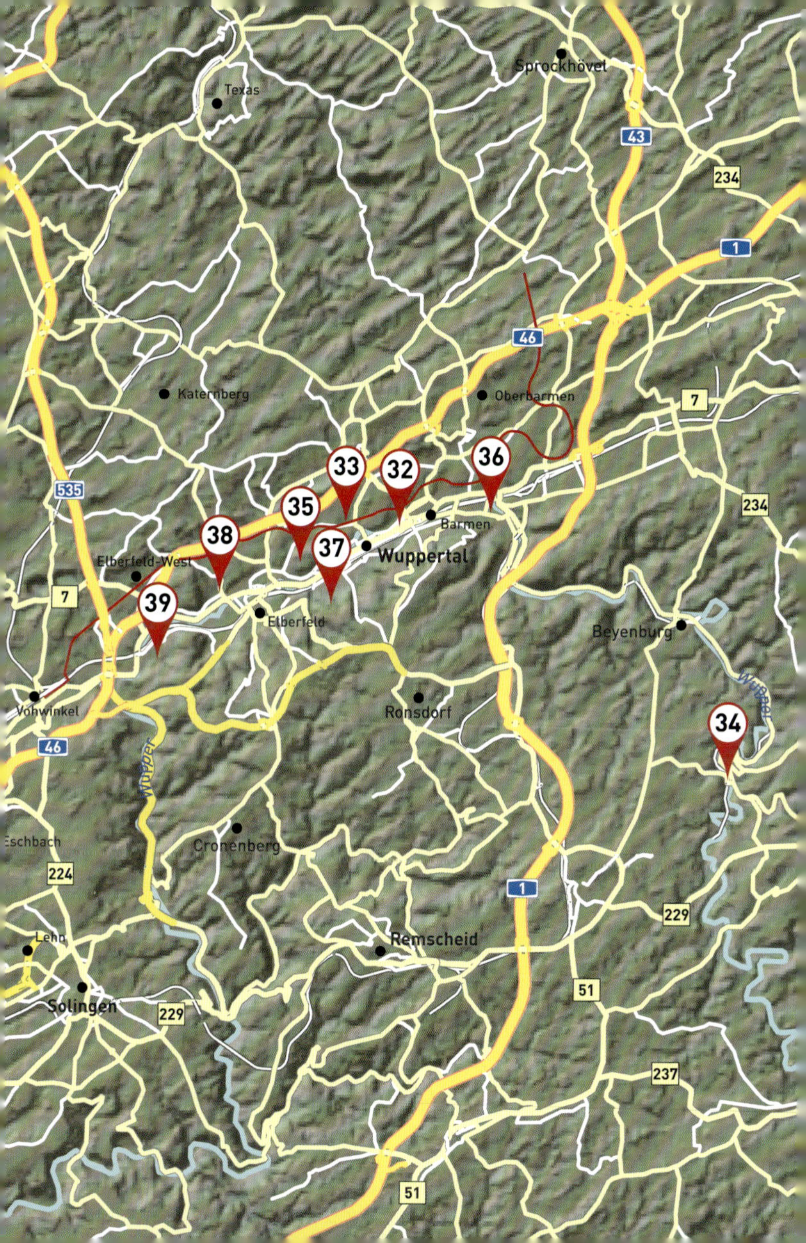

Sprockhövel
Texas
43
234
1
46
Katernberg
Oberbarmen
7
535
33
32
36
234
35
38
37
Barmen
Wuppertal
Elberfeld-West
7
39
Elberfeld
Beyenburg
Wupper
Vohwinkel
Ronsdorf
34
46
Wupper
Eschbach
Cronenberg
224
1
229
Lehn
Remscheid
Solingen
229
51
237
51

32 Wuppertaler Schwebebahn

WAHRZEICHEN UND TRANSPORTMITTEL ÜBER DER WUPPER

Die Wuppertaler lieben ihre Schwebebahn. So sehr, dass die Bahn nicht nur Teil des Stadtlogos ist, sondern seit mehr als 100 Jahren auch das Hauptverkehrsmittel der meisten Bewohner der Stadt. Die einzigartige Bahn verbindet die beiden Stadtteile Vohwinkel und Oberbarmen und bietet sich ideal für eine Erkundung der langgestreckten Stadt an der Wupper an.

Die Fahrt zwischen Vohwinkel und Oberbarmen dauert pro Strecke etwa 30 Minuten. Auf 13,3 Kilometern quer durch Wuppertal gibt es insgesamt 20 Bahnhöfe, von denen nur vier Haltestellen „über Land" sind. Alle anderen Stopps befinden sich über der Wupper.

Gebaut wurde die Wuppertaler Schwebebahn Ende des 19. Jahrhunderts, eröffnet wurde die Hochbahn am 1. März 1901. Grund für ihren Bau war der mangelnde Platz im Tal für die stetig wachsenden Gemeinden Barmen, Elberfeld und Vohwinkel. Die Stadt Wuppertal wurde erst 1929 aus diesen Gemeinden gegründet.

Wer in Vohwinkel auf der Brucher Straße wohnt, der wird das Bild der vorbei schwebenden Linienbahn schon gewöhnt sein. In der Bahn selbst ist es aber ein besonderes Ereignis, hinunter auf die fahrenden Autos und hinein in die Wohnstuben der alten Häuser aus der Gründerzeit zu schauen. Fast scheint die Straße ein wenig zu eng für so ein massives Bauwerk wie die Schwebebahn und ihr Gerüst zu sein, und dennoch ist hier alles Maßarbeit.

Haltestelle Vohwinkel

Der Zoologische Garten ist eine der Hauptattraktionen der Stadt. Er lockt nicht nur mit seinen vielen Tieren, sondern punktet auch mit seiner landschaftlich reizvollen Anlage. Im dazugehörigen Stadtviertel lassen sich viele Gebäude aus der Gründerzeit bestaunen. Weil hier auch das Fußballstadion steht, wurde die Schwebebahnstation am Zoo mit extra breiten Bahnsteigen versehen.

Nur wenige Meter von der Schwebebahnstation Ohligsmühle entfernt steht wohl eines der schönsten Gebäude der Stadt: die Historische Stadthalle. Mit prunkvollen Sälen und einer über hundertjährigen Geschichte ist der Besuch in dem wilhelminischen Prachtbau ein Muss. Dies ist bei Events oder bei öffentlichen Führungen durch das Gebäude möglich.

Auch die bekannteste der Wuppertaler Treppen befindet sich unweit der Haltestelle Ohligsmühle. Das Tippen-Tappen-Tönchen ist eine Freitreppe, die das zum Ausgehen beliebte Elberfelder Luisenviertel mit dem höher gelegenen Ölberg verbindet. 108 Stufen müssen dort überwunden werden, zwischendurch gibt es eine Bank zum Verweilen und schöne Aussichten zu genießen. Der Weg hinauf lohnt sich, denn der Ölberg ist ein ehemaliges Arbeiterviertel, das heute als kreatives Künstlerviertel gilt und durchgängige Straßenzüge im Gründerzeitstil bietet.

Die am meisten frequentierte Haltestelle der Schwebebahn befindet sich gegenüber vom Wuppertal Hauptbahnhof. Rund-

Von der Heydt-Museum

herum ist in den vergangenen Jahren einiges passiert: Der Bahnhof und auch der Zugang zur Innenstadt wurden neu gestaltet und sind mittlerweile ein echter Hingucker. Von dort aus lässt sich das Stadtzentrum von Elberfeld gut erreichen, wo sich zahlreiche Geschäfte, Restaurants und Verwaltungsgebäude der Stadt befinden. Außerdem lohnt hier auch ein Besuch des Von der Heydt-Museums, früher Stadtmuseum von Elberfeld und heute renommiertes Kunstmuseum mit Gemälden, Grafiken, Fotografien und Skulpturen. Schwerpunkte sind vor allem französische Kunstwerke aus dem 19. Jahrhundert und Moderne Kunst.

Station Kluse in Elberfeld

In Elberfeld liegt auch die futuristische Station Kluse. Sie ist die einzige Schwebebahnhaltestelle, bei der die Hallenkonstruktion von unten sichtbar ist. So macht sie den Anschein, als würde sie schweben.

Im Museum Industriekultur, das sich sehr gut von der Haltestelle Adlerbrücke/Opernhaus erreichen lässt, geht es um die Geschichte der Industrialisierung in Wuppertal. Die Ausstellung steht in direktem Zusammenhang mit seinem berühmten Nachbarhaus, dem Engels-Haus. In diesem historischen bergischen Schieferhaus wird das Leben und Wirken

Engelshaus

Im Engelshaus

von Friedrich Engels, des wohl berühmtesten Sohns Wuppertals, beleuchtet. Das 1775 erbaute Engels-Haus war das Wohnhaus des Großvaters von Friedrich Engels.

Die Adlerbrücke direkt neben der Haltestelle Adlerbrücke/Opernhaus ist an dieser Stelle noch besonders zu erwähnen. Sie ist eine der ältesten in NRW erhaltenen Gitterfachwerkbrücken und wurde 1868 – also noch vor der Schwebebahn – erbaut.

An der Haltestelle Adlerbrücke geht es nicht nur aufgrund des Engels-Hauses historisch zu. Dort ist noch ein weiterer stadthistorisch bedeutender Punkt, denn an dieser Stelle ist im Jahr 1950 die Elefantendame Tuffi aus einem Schwebebahn-Wagen gesprungen. Die Geschichte vom Elefanten und seinem Sprung in die Wupper ist damals um die Welt gegangen. Tuffi war ein

Zirkuselefant und hat den Sprung aus zehn Metern Höhe aus der fahrenden Bahn ohne größere Blessuren überlebt. Vorangegangen war diesem Sprung eine Marketingaktion des Zirkus Althoff, der zu dieser Zeit in Wuppertal gastierte. Ein Elefant in der Schwebebahn lockte damals schon viele Menschen in das Gefährt – es wurde schlichtweg zu eng. Das war auch der Grund, warum Tuffi trotz ihres entspannten Gemütes doch panisch wurde und den Weg in die Wupper wählte. Übrigens: Alle Bilder, die es dazu gibt, sind Fotomontagen. Die Menge war so überrascht, dass niemand den Sprung fotografisch dokumentiert hat. An der Stelle, wo Tuffi ins Wasser gefallen ist, wurde 2020 ein Störstein zu Ehren von Tuffi aufgestellt.

Tuffi-Mural

Die Schwebebahn-Haltestelle Werther Brücke folgt auf die Station am Alten Markt, die das Zentrum von Barmen bildet. Die Werther Brücke gilt aufgrund ihrer Jugendstilelemente als schönste „Altstation". Auch sie wurde restauriert und hat von ihrem Glanz aus alten Tagen nichts verloren. Auf jeden Fall aussteigen und von außen bestaunen!

Station Werther Brücke

Kaffee und Kuchen mit Ausblick

Eine ganz besondere Art, um die Schwebebahn zu erleben, ist die Kaiserwagenfahrt. Bei Kaffee und Kuchen erläutern Zugbegleiter in historisch passenden Kostümen die Fahrt und erzählen aus der Zeit um 1900 – als Kaiser Wilhelm II. mit ebendiesem Wagen eine Spazierfahrt durch das Tal der Wupper unternahm. In knapp 1,5 Stunden kann dabei die Faszination „Schwebebahn" der alten Zeit erlebt werden.

Der Kaiserwagen

Wer Lust auf eine Zeitreise in das Jahr 1926 hat, der sollte sich die neueste Attraktion rund um die Schwebebahn in Wuppertal vormerken: das Schwebodrom. In einem alten Schwebebahnwagen begibt man sich auf eine virtuelle Zeitreise mittels 3D-Brillen und taucht ein in die Geschichte der Schwebebahn.

Historisch gekleidete Guides im Kaiserwagen

Info

Lage: Wuppertal liegt etwa 30 Kilometer östlich von Düsseldorf. Die Schwebebahn verbindet die Stadtteile Vohwinkel, Elberfeld und Barmen.

Website: *schwebebahn.de*

Aktivitäten:

- Engels-Haus und Museum Industriekultur: Engelsstraße 10, 42283 Wuppertal, *mi-wuppertal.de*
- Fahrt im Kaiserwagen: *schwebebahn.de/kaiserwagen*
- Schwebodrom: Werth 94, 42275 Wuppertal, *schwebodrom.com*

HINWEIS: An den Haltestellen der Schwebebahn befinden sich kleine dunkelblaue Tafeln mit der Aufschrift „Zeitreise Wuppertal“. Spannend für alle, die sich für die Geschichte der Schwebebahn und der einzelnen Stationen interessieren.

33 Nordbahntrasse

AUF 22 KILOMETERN QUER DURCH DIE STADT

Mit dem Fahrrad nahezu kreuzungs- und steigungsfrei durch eine Stadt fahren? Das ist seit Ende 2014 in Wuppertal möglich. Die Nordbahntrasse ist eine ideale Strecke, um die Stadt auf zwei Rädern zu entdecken.

Nicht nur Fahrradfahrer nutzen die Nordbahntrasse

Wuppertal stand 2020 überraschend auf der renommierten Reiseliste „best places to visit" von CNN. Aufhänger war natürlich die Schwebebahn, aber der „don't miss"-Hinweis ließ aufhorchen. In diesem lautete die Empfehlung, die Stadt auch auf zwei Rädern zu entdecken und zwar auf der Nordbahntrasse. Dieser Empfehlung folgen Tag für Tag, insbesondere am Wochenende, zahlreiche Radfahrer. Aber auch Inlineskater und Fußgänger nutzen die ehemaligen Bahntrasse, um schnell von „A" nach „B" zu kommen oder sich sportlich zu betätigen.

Bereits im Jahr 1998 wurde die zwischen 1873 und 1879 errichtete Nordbahn-Bahnstrecke stillgelegt. Im Jahr 2006 gründete sich der Verein Wuppertalbewegung e. V., der in den Folgejahren den Umbau in einen Rad- und Fußweg ermöglichte. Eingeweiht wurde die Trasse am 19. Dezember 2014 und ist seitdem durchgehend befahrbar. Im innerstädtischen Bereich ist die Nordbahntrasse auf einer Länge von etwa neun Kilometern als Radschnellweg ausgebaut, insgesamt gilt sie als weltweit längste innerstädtische ehemalige Eisenbahntrasse. Damit ist die Nordbahntrasse inzwischen ein Vorbild für nachhaltige Stadt- und Verkehrsplanung und hat zahlreiche Preise und Auszeichnungen erhalten, unter anderem den Deutschen Fahrradpreis 2015 und den European Greenways Award.

Spannende Blicke über Wuppertal bieten sich von den Viadukten

Die Streckenführung der Nordbahntrasse

Graffitis an der Nordbahntrasse

Die Legobrücke über die Schwesternstraße

Durch die Topografie der Stadt weist die Strecke zahlreiche Tunnel, Brücken und Viadukte auf. Die sechs Tunnel auf der Trasse sind beleuchtet und haben eine Länge von insgesamt über zwei Kilometern, der längste ist mit über 700 Metern der Schee-Tunnel. Fünf große Viadukte ermöglichen spektakuläre Blicke auf die Stadt und prägen das Stadtbild.

Wer Wuppertal mit dem Fahrrad entdecken möchte, hat über die Nordbahntrasse die Möglichkeit, mit kleineren Abstechern zahlreiche Sehenswürdigkeiten der Stadt zu erreichen, so zum Beispiel das Schloss Lüntenbeck, den Wuppertaler Zoo (siehe Tipp 39), das Briller Viertel (siehe Tipp 38), das Von-der-Heydt-Museum, den Botanischen Garten oder auch den Gaskessel mit dem Visiodrom (siehe Tipp 36).

Auch Freunde der Graffiti-Kunst kommen auf der Nordbahntrasse auf ihre Kosten, zum Beispiel an der Hall of Fame am Brill. Ein echter „gesprühter" Hingucker ist auch die Legobrücke, mit der die Nordbahntrasse die

Schwesternstraße überquert. Die Brücke erweckt von unten den Eindruck, als sei sie mit Legosteinen erbaut.

Wer Lust auf eine Draisinenfahrt hat, ist am Bahnhof Loh richtig. Hier betreibt der Verein Wuppertalbewegung auf den ehemaligen Gleisen der Rheinischen Eisenbahn eine 1,6 Kilometer lange Draisinentrasse. Die Fahrten sind im Sommer am Wochenende möglich. An den ehemaligen Bahnhöfen haben sich zudem beliebte Treffpunkte, zum Teil mit Gastronomie, entwickelt.

Idyllisch wird es dann im nordöstlichen Teil der Nordbahntrasse, hier bestimmen Ausblicke auf landwirtschaftlich geprägtes Umland mit kleinen Siedlungen die Trasse.

Die Nordbahntrasse ist auf einer Teilstrecke auch Bestandteil des Bergischen Panoramaradwegs (siehe Tipp 40) und zudem an die Korkenziehertrasse und den PanoramaRadweg niederbergbahn (siehe Tipp 20) angebunden.

Die Nordbahntrasse ist zweifelsohne ein Gewinn für Wuppertal. Mit ihrer gelungenen Kombination aus innerstädtischer Fortbewegung und Naturerlebnis ist sie ein Ort der Begegnung, der Begeisterung und der Erholung für die Bewohner und Besucher der Stadt und zeigt eindrucksvoll, wie eine stillgelegte Bahntrasse zu einer lebendigen und grünen Oase werden kann.

Info

Lage: Die Nordbahntrasse erstreckt sich von Wuppertal-Vohwinkel im Westen bis Wuppertal-Schee im Nordosten der Stadt auf einer Länge von 22 Kilometern.

Website: *nordbahntrasse.de*

Einkehren:

- Ottenbrucher Bahnhof: Funckstraße 94, 42115 Wuppertal, *ottenbrucher-bahnhof.de*

34 Beyenburg

MIT DER DRAISINE ÜBER BERGISCHE BAHNTRASSEN

Im Bergischen gibt es viele alte Bahntrassen, die aufgrund des Wegfalls der Industrie nicht mehr gebraucht werden. Während einige ehemalige Gleisabschnitte inzwischen als Radwege genutzt werden, sind auf einer Bahntrasse zwischen Wuppertal und Radevormwald an der Wupper ganz besondere Gefährte unterwegs: Draisinen.

Die Tour über die Bergischen Bahntrassen startet in Wuppertal im Ortsteil Beyenburg. Etwas unscheinbar ist der Draisinenbahnhof: Nur die Schienen und ein kleiner Schuppen weisen von der Straße darauf hin, dass hier eine Draisine fährt. Bei den Draisinen handelt es sich um Schienenfahrräder, im Gegensatz zu den Handhebeldraisinen werden sie wie ein klassisches Fahrrad genutzt.

Bahnhof Dahlerau

Die Tour findet in einer größeren Gruppe statt und wird von einem Guide begleitet. Dieser gibt gerne Auskunft über die sehenswerten Dinge entlang der Strecke. Es geht los mit ein paar Sicherheitshinweisen und Erläuterungen der Draisinen. Anschließend werden die Fahrzeuge verteilt. Zur Auswahl stehen Draisinen mit fünf Sitzen und drei Fahrern und Fahrzeuge mit vier Sitzen und zwei Fahrern. Vor allem das Bremsen muss geübt werden, weshalb es den ersten Kilometer der Tour um das Ausprobieren der Draisinen geht. Der Lenker ist übrigens nur zum Festhalten, die Richtung wird durch die Gleise bestimmt.

Auf der Strecke der alten „Wuppertalbahn" ist zwischen Beyenburg und Wilhelmstal ein acht Kilometer langes Teilstück erhalten geblieben, das als Draisinenstrecke genutzt wird. Es geht immer an der Wupper entlang, erst recht gemächlich und dann kurz vor Dahlhausen (Wupper) mit einem kleinen Anstieg. Dafür nehmen die Draisinen auf dem Rückweg richtig Fahrt auf.

Fischbauchbrücke Beyenburg

Die Wupper wird auf der Tour mit der Draisine insgesamt viermal überquert. Die Brückenüberquerungen sind ein echtes Abenteuer! Nach etwa zwei Kilometern stoppt die Gruppe kurz in Dahlerau. Die Pause ist auch nötig, denn dann kommt der Anstieg zum Bahnhof Dahlhausen. In Dahlerau lohnt das Wülfingmuseum einen Besuch. Es handelt sich um die letzte Tuchfabrik im Bergischen Land.

Der Bahnhof Dahlhausen (Wupper) ist vor allem für Bahnfreunde spannend, denn hier gibt es vieles zu entdecken: Einige alte Loks und Waggons sind hier vom Verein Wupperschiene e. V. abgestellt worden. Auch ein Stellwerk kann bestaunt werden. Anschließend geht es nach Wilhelmsthal. Die Draisinen überfahren dabei drei alte Eisenbahnbrücken. Nach einer etwa 15 Minuten langen Rast geht es dann auch schon wieder zurück Richtung Beyenburg.

Eisenbahnmuseum Dahlhausen (Wupper)

Nach der Tour mit den Draisinen, die knapp 2,5 Stunden dauert, lohnt sich noch eine kleine Runde um den Stausee Wuppertal Beyenburg sowie eine Einkehr ins Bootshaus. Aufpassen! Unterwegs lässt sich die rheinisch-westfälische Mundartlinie überqueren!

Blick auf Beyenburg

Info

Lage: Radevormwald-Dahlhausen liegt etwa 15 Kilometer südöstlich von Wuppertal-Elberfeld.

Adresse Startpunkt: Wuppertal Beyenburg, Vor der Hardt, 42399 Wuppertal

Website: *wuppertrail.com*

HINWEISE:

- Es gibt zwei barrierefreie Draisinen, auf denen Menschen mit Rollstuhl befördert werden können.
- Die Fahrten finden bei jedem Wetter statt.

35 Das Grüne Wuppertal

NATUR IN DER STADT

Wuppertal ist bekannt für Unternehmen wie Bayer und Vorwerk, für die Wuppertaler Schwebebahn und für einen Elefanten namens Tuffi. Nur wenige wissen jedoch, dass in den Wuppertaler Stadtteilen sehr viel Natur zu entdecken ist.

Die Stadt Wuppertal hat aufgrund ihrer langgestreckten Form, der Wasserversorgung durch die Wupper und ihrer geschützten Lage im Tal eine ideale Voraussetzung für schöne Wald- und Parkanlagen. Entstanden sind die meisten Anlagen im 19. Jahrhundert, als die damals kahlen Berge wieder aufgeforstet und zu Parkanlagen verwandelt wurden. Knapp 30 Prozent der Stadtfläche sind Wald- und unbebaute Freiflächen, auf knapp 1200 Hektar befinden sich Parkanlagen und Grünflächen. Fünf Parkanlagen in Wuppertal sind Mitglied im Europäischen Gartennetzwerk.

Elisenturm im Botanischen Garten Wuppertal

Für die älteste Parkanlage in Wuppertal, die Hardt, geht es hoch hinaus. 90 Höhenmeter von der Wupper ausgehend sind zu überwinden, um im Park an der Grenze zwischen Barmen und Elberfeld zu flanieren. Ausgedehnte Wiesen und Waldflächen, ein botanischer Garten mit mehreren kleinen Gewächshäusern und einer umfangreichen Sammlung an seltenen Pflanzen locken nicht nur Wuppertaler auf die Hardt. Sehenswert ist auch der Elisenturm, der 1812 als Windmühle erbaut wurde und heute als Standesamt und Aussichtsturm fungiert. Hier befindet sich auch der Botanische Garten der Stadt Wuppertal.

Eine weitere bekannte Grünanlage in Wuppertal sind die Barmer Anlagen. Einprägsam ist vor allem der Toelleturm, der am oberen Rand des Parks thront und einen tollen Blick auf Wuppertal und seine Anrainer bietet. Die 100 Hektar große Grünfläche ist ein historischer Park, der von Bürgern der Stadt Wuppertal für alle Erholungssuchende geschaffen wurde. Dort gibt es exotische Bäume, Teichanlagen, einen Minigolfplatz und Spielplätze.

An die ehemalige Bergbahn von Wuppertal Barmen erinnert die Bergbahntrasse, die 2006 im Rahmen der Regionale zu einem Weg durch die Anlagen gestaltet wurde.

Ein Skywalk ist seit 2016 die bekannteste Attraktion im Wuppertaler Nordpark. Er bietet eine barrierefreie Aussicht auf die kleine Nachbarstadt Schwelm, zum Ehrenberg und zu den Südhöhen von Barmen. Der 16 Meter lange Steg ragt dabei aus dem Wald heraus, eine elliptische Plattform lädt ein zum Verweilen. Der Nordpark bietet auf dem Panoramaweg jedoch noch viel mehr Ausblicke und mit einem Mehrgenerationenspielplatz zwischen Oberbarmen und Wichlinghausen einen tollen Erholungsort.

Skywalk Nordpark

Weyerbuschturm

Fast glaubt man, dass Rapunzel gleich ihr Haar aus dem Weyerbuschturm auf der Kaiserhöhe am Nützenberg hinunterlässt. Dabei ist der Turm nur ein Highlight in dem Elberfelder Naherholungsgebiet. Wildromantisch ist das Motto, wenn im Frühling die wilden Krokusse und Narzissen blühen, wenn im Winter der Nebel durch den Nützenberger Wald wabert und im Herbst die zahlreichen Bäume bunte Blätter zaubern. Für alle, die mehr als einen Spaziergang erleben wollen, lädt ein Hochseilgarten zu Höhenabenteuern ein. Sehenswert ist ebenfalls der Stollen des Wasserreservoirs, der offenbart, dass die Wuppertaler noch heute Düsseldorfer Wasser trinken.

Auf der dem Nützenberg gegenüberliegenden Seite befindet sich die Königshöhe. Dort ist das „Wuppertal" recht eng, dieser Bereich wird auch als Wupperpforte bezeichnet. Ideal also, um beide Naherholungsgebiete miteinander zu verbinden, was kühne Pläne vorsehen. Angedacht ist, eine Verbindungsbrücke für Fußgänger zwischen den beiden Parks auf den Höhen zu errichten. Die Umsetzung ist allerdings noch offen. Auch auf der Königshöhe lässt sich ein kleiner, recht versteckt stehender Turm bestaunen, der 1892 als Von der Heydt-Turm errichtet wurde. Ein dichter Baumbestand lädt hier in den warmen Sommermonaten zu entspannten Spaziergängen ein.

Adolf-Vorwerk-Park

Als Naturpark von seltener Anmut und Schönheit wurde der Adolf-Vorwerk-Park vor knapp 100 Jahren beschrieben. Und noch heute hat er nichts von seinem Glanz eingebüßt. Im Frühling findet sich der Besucher hier in einem Meer von blühenden Azaleen und Rhododendren wieder. Ein Teich vor einem früheren Steinbruch sorgt für etwas Romantik, vor allem dann, wenn die Seerosen blühen. Durch das Waldgebiet führt der Murmelbach und so ist es nicht verwunderlich, dass der 5,4 Hektar große Park auch ein beliebtes Ziel für Gartenfans ist und die Anlage in den Kreis der Parkanlagen mit europäischer Bedeutung aufgenommen wurde.

Lage: Die Parks befinden sich im gesamten Stadtgebiet von Wuppertal.

Website: *wuppertal.de/tourismus-freizeit/gruenes_wuppertal/index.php*

Info

36 Gaskessel Wuppertal

WAHRZEICHEN DES WUPPERTALER OSTENS

Was für ein Ausblick – der Skywalk hoch oben auf dem Dach des Gaskessels im kleinsten Wuppertaler Stadtbezirk Heckinghausen ist atemberaubend. Der Rundumblick auf dem höchsten öffentlich zugänglichen Gebäude der Stadt ermöglicht unvergessliche Aussichten im Osten über den Talkessel bis weit in die Nachbarstadt Schwelm hinein und in der Gegenrichtung hinein in die westlichen Stadtteile Wuppertals.

Er ist Aussichtsplattform, Visiodrom, Fitnessstudio und Restaurant in einem – der 66 Meter hohe, 1952 in Betrieb genommene und im Juni 2019 neu eröffnete Gaskessel im kleinsten Wuppertaler Stadtbezirk Heckinghausen.

In den Jahren 1950 und 1952 erbaut sollte der Scheibengasbehälter die Versorgung der Stadt sichern. Nachdem moderne Pipelines die Gasversorgung übernahmen, wurde der Behälter im Jahr 1997 außer Betrieb genommen und 1998 unter Denkmalschutz gestellt. Jedoch erst im Jahr 2016 erweckten der Wuppertaler Unternehmer Thomas Drescher und das Architektur-Studio GKM den Gaskessel mit einer visionären Idee zu neuem Leben. Durch den Umbau in ein neues fünfstöckiges Gebäude wurde die Basis geschaffen für die heutige Nutzung.

Gaskessel

Herzstück ist das Visiodrom im fünften Stock des Gaskessels, mit einem säulenlosen Raum mit 47 Meter Höhe und einem Durchmesser von 38 Metern, in dem wechselnde Ausstellungen, Shows und Konzerte auf Europas größter 360-Grad-Leinwand multimedial in Szene gesetzt werden. Sehenswert ist hier auch die Dauerausstellung „Historie und Wandel des Gaskessels" auf der original erhaltenen historischen Druckscheibe des Kessels.

Weitere Mieter sind der „Sportpark im Gaskessel", in dem auf dreieinhalb Etagen und auf fast 2000 Quadratmetern trainiert werden kann, sowie das Restaurant Aposto mit gemütlicher Außenterrasse.

Und wer noch eine unvergessliche Location für sein Ja-Wort sucht: standesamtliche Trauungen sind auf der Aussichtsplattform „Skywalk" möglich.

Info

Lage: Der Gaskessel Wuppertal liegt im östlichen Stadtteil Heckinghausen.

Adresse: Gaskessel Wuppertal, Mohrenstraße 3, 42289 Wuppertal

Website: *der-gaskessel.de*

Einkehren:

- Aposto im Gaskessel: Mohrenstraße 3, 42289 Wuppertal, *wuppertal.aposto.eu*

HINWEIS: Im Eintrittspreis für das Visiodrom ist der Besuch der Aussichtsplattform inbegriffen.

37 Skulpturenpark Waldfrieden

KUNST UND EIN MEISTERWERK ORGANISCHER BAUKUNST

Der Wuppertaler Industrielle Kurt Herberts suchte die Ruhe in der bewaldeten Umgebung von Wuppertal und ließ sich zwischen 1947 und 1950 eine Villa in dem Waldgebiet zwischen Elberfeld und Barmen bauen. Die Villa Waldfrieden, gebaut von Frank Krause, ist ein besonderer Ort. Dies wird schon deutlich, wenn das Gebäude von außen betrachtet wird. Aufgrund seiner organischen Bauform steht es seit 1992 unter Denkmalschutz und ist nur für besondere Veranstaltungen und Führungen zugänglich. Als Kurt Herberts 1998 starb, verwaiste das Wuppertaler Gelände jedoch zusehends.

Zwischen den Wuppertaler Stadtzentren Elberfeld und Barmen liegt der Skulpturenpark Waldfrieden. Schon der Weg bis zum Parkgelände ist ein Erlebnis. Alte Linden und Kastanien säumen eine etwa 500 Meter lange Serpentinenstraße, auf der Besuchern schon von Anfang an bewusst wird: Hier ist die Kunst Tony Craggs zu Hause.

Dem seit 1977 in Wuppertal wohnhaften, weltbekannten Bildhauer Tony Cragg fiel dieser besondere Ort auf und er erwarb ihn 2006 als Ausstellungsgelände für seine Kunst. Er gründete eine Stiftung und eröffnete 2008 den Skulpturenpark Waldfrieden. Auf dem Gelände des Parks können auf 14 Hektar zahlreiche Skulpturen des Bildhauers bei einem entspannten Spaziergang durch das Grüne bestaunt und erlebt werden.

Neben der Kunst von Tony Cragg lohnt sich ein Besuch des Parks auch aufgrund der wechselnden Ausstellungen namhafter Bildhauer, die in den drei extra zu diesem Zweck errichteten Ausstellungshallen stattfinden. Auch die stetig wachsende Skulpturensammlung in der wunderschönen Wald- und Gartenanlage und das spannende Veranstaltungsprogramm während des gesamten Jahres sind Gründe für ein nochmaliges Wiederkommen. Besonders empfehlenswert sind auch die regelmäßigen Führungen, die so manche Geheimnisse über die Kunst und das Gelände offenbaren. So finden sich beispielsweise neben zahlreichen Sitzbänken versteckte Telefone, mit denen der Unternehmer Herberts früher bei seinen Spaziergängen durch das Waldgebiet erreicht werden konnte. Auch die besonderen Kunstwerke von Tony Cragg werden bei den Rundgängen erläutert.

Eine Skulptur von Tony Cragg

Die Sitzende von Henry Moore

Info

Lage: Das Gelände befindet sich auf einem bergigen bewaldeten Gebiet zwischen den Stadtzentren Elberfeld und Barmen.

Adresse: Skulpturenpark Waldfrieden, Hirschstraße 12, 42285 Wuppertal

Website: *skulpturenpark-waldfrieden.de*

38 Briller Viertel

VILLEN IM ÜBERFLUSS

Das Briller Viertel liegt oberhalb von Elberfeld am östlichen Hang des innerstädtischen Nützenbergs unweit des Wuppertaler Hauptbahnhofs. Ab dem Jahr 1870 in einer parkähnlichen Gesamtstruktur angelegt, hat es seinen geschlossenen Charakter bis heute bewahren können. In den nahe gelegenen Parkanlagen ließ es sich aushalten und auch die Industrieabgase der großen chemischen Fabriken waren hier nicht zu spüren. Die Straßen wurden – den damaligen Gestaltungsideen entsprechend – als lange schnurgerade Achsen angelegt und bieten weite Durchblicke, soweit es die Topografie des Geländes erlaubt. Extreme Steigungen, wie beispielsweise an der Sadowastraße, wurden dafür bewusst in Kauf genommen.

Rund 250 denkmalgeschützte Häuser stehen hier in einem Wohnquartier, das Ende des 19. Jahrhunderts angelegt worden ist. Das Briller Viertel ist damit das größte zusammenhängende Villenviertel aus der Gründerzeit in Deutschland. Nach einem Spaziergang durch die Straßen lohnt noch der „Aufstieg" zum Nützenbergpark mit dem Weyerbuschturm.

Am besten lassen sich die zahlreichen Gründerzeit-Villen auf einem Spaziergang durch das Villenviertel entdecken. Wuppertal Tourismus hat dafür einen Tourentipp erarbeitet, mit dem man in etwa 60 Minuten ein umfassendes Bild über das Viertel erhält. Folgt man dem Rundweg, so weiß man aufgrund der zahlreichen eindrucksvollen Fassaden bald nicht mehr, ob man nach links oder nach rechts schauen soll.

Zum Briller Viertel zählt auch der hoch gelegene Nützenbergpark mit dem 35 Meter hohen Weyerbuschturm. Auch wenn dieser abseits des ausgewiesenen Tourentipps liegt und noch einige zusätzliche Steigungen zu überwinden sind, lohnt sich der Ausflug dort hin. Aufgrund von Baumängeln ist der Turm allerdings zurzeit leider geschlossen, sodass er nicht bestiegen werden kann.

Typische Villen ...

... im Briller Viertel

Info

Lage: Das Briller Viertel liegt im Stadtbezirk Elberfeld-West

Adresse: Sadowastraße, 42115 Wuppertal

Website: *wuppertal.de/tourismus-freizeit/wuppertal_erleben/architektur/wmg_architektur-briller-viertel.php*

HINWEIS: Die Stadt Wuppertal hat einen Stadtrundgang entwickelt, auf dem sich mit einem Zeitbudget von etwa einer Stunde die eindrucksvollsten Villen im Briller Viertel entdecken lassen: *wuppertal.de/tourismus-freizeit/wuppertal_erleben/architektur/wmg_architektur-briller-viertel.php.media/397252/Tourentipp_-Stadtrundgang-Briller-Viertel.pdf*

39 Der Grüne Zoo von Wuppertal

TIERBESUCH IM PARK

Wer im Bergischen Land auf wilde Tiere treffen will, muss gar nicht so weit fahren. Im Grünen Zoo in Wuppertal wohnen Pinguine, Elefanten, Bären und knapp 240 weitere Arten in einer wunderschönen Parkanlage im westlichen Stadtteil Elberfeld.

Zoogebäude

Ein paar Höhenmeter sind schon zu überwinden, um die Schönheit des Grünen Zoos von Wuppertal zu entdecken. Im idyllischen Zooviertel ist der Tierpark umgeben von zahlreichen alten Villen aus dem frühen 20. Jahrhundert, die einen Blick auf Baustile aus der Neorenaissance, dem Neoklassizismus und auch dem Jugendstil ermöglichen.

Der Zoo in Wuppertal zählt zu den ältesten in Deutschland, er wurde im Jahre 1881 gegründet. Auf der 24 Hektar großen Grünfläche wurde in den vergangenen 140 Jahren ein abwechslungsreiches Landschaftsbild mit Teichen, Grünanlagen und waldigen Abschnitten mit altem Baumbestand geschaffen.

Etwa 3500 Tiere aus 240 Arten sind im Wuppertaler Zoo zu finden – kleine wie der Uganda Rosenkäfer und große wie die Afrikanischen Elefanten. In Wuppertal gibt es ein sehr erfolgreiches Elefanten-Zuchtprogramm, regelmäßig gibt es Jungtiere. Fun Fact: Seit 2016 gibt es im Zoo eine Elefantendame mit dem Namen Tuffi!

Elefanten

Blaue Aras

Recht neu ist die Freiflugvoliere Aralandia, in der Aras, Sonnensittiche, Pudus und Flamingos gemeinsam gehalten werden. Den Vögeln ist man hier ganz nah: Die große Voliere ist begehbar und bietet so ein besonderes Erlebnis. Sehr beliebt ist die 2009 eröffnete Pinguinanlage, in der Königs- und Eselspinguine ihr Zuhause gefunden haben. Beeindruckend ist der 15 Meter lange Acrylglastunnel unter dem Wasserbecken der Pinguine. So können die Tauch- und Schwimmkünste der Pinguine aus einer besonderen Perspektive beobachtet werden. Die Königspinguine sind übrigens das Wappentier des Wuppertaler Zoos.

Pinguine

Bärenbeobachtung

Spannend ist auch der Blick ins Braunbärengehege. Mitten im Wald und etwas abseits der anderen Tiere lässt sich von Aussichtsplattformen und auf einem felsigen Unterstand die Braunbärin beim Fressen, Schlafen oder Spielen beobachten. Auch Löwen und Tiger bewohnen ein Gehege im Wuppertaler Zoo. Etwa ein Hektar „afrikanische Steppe" bietet den Löwen einen möglichst authentischen Ort fernab der Heimat. Auf Besucherplattformen und in Spähfelsen lässt sich mit etwas

Faultier

Glück einer der Löwen entdecken. Im Gelände gleich nebenan sind Sibirische Tiger zu Hause. In den Affenhäusern geht es ebenfalls wild und exotisch daher. Ob Gorillas, Orang-Utans, Paviane oder Klammeraffen, da ist es selten ruhig. Wer es ein wenig relaxter mag, der sollte sich das Südamerikahaus anschauen. Dort hängen die Faultiere ab, hier lebt ein Tapir und es hoppeln die Zwergmaras durchs Gehege.

Für Kinder gibt es vor Ort nicht nur eine Vielzahl von Spielplätzen, sondern auch den JuniorZoo. Dabei handelt es sich nicht nur um einen klassischen Streichelzoo, es stehen für die Kleinen auch Besen, Rechen, Schaufeln und Schubkarren bereit, damit sie bei der Reinigung des Geheges helfen können. So bekommen die Kinder einen Einblick in die Arbeit der Tierpfleger. Die Esel und vor allem die Ziegen schauen dem Trubel gerne zu.

Nach einem zwei bis dreistündigen Spaziergang durch den Zoo ist man einige Kilometer gelaufen und hat viel gesehen. Spannend sind auch die regelmäßigen Führungen zu verschiedenen Themen. Ob am Abend, hinter den Kulissen oder aber zu besonderen Themengebieten – im Zoo wird viel geboten.

Info

Auskunft: Der Grüne Zoo befindet sich in im Westen Wuppertals.

Adresse: Grüner Zoo Wuppertal, Hubertusallee 30, 42117 Wuppertal

Website: *wuppertal.de/zoo-wuppertal*

HINWEIS: Ein Zoobesuch lässt sich mit dem Schwebebahnerlebnis (siehe Tipp 32) gut kombinieren. Es gibt eine Haltestelle Wuppertal Zoo/Stadion.

Solingen und
Remscheid

Bergischer Fachwerk-Dreiklang in Remscheid-Lennep

Solingen und Remscheid

40. Bergischer Radring: die Bergischen Drei im Sattel entdecken
41. Bergische Tradition: ein Nachmittag mit Bergischer Kaffeetafel
42. Wuppervergnügen: mit dem Kanu auf dem „Bergischen Amazonas"
43. Gräfrath: mit scharfer Klinge und historischer Altstadt
44. Galileum in Solingen: Abenteuer in den Sternen
45. Schloss Burg: Wahrzeichen des Bergischen Landes
46. Müngstener Brücke: Wahrzeichen der bergischen Industrialisierung
47. Liewerfrauenweg: auf den Spuren starker Frauen
48. Lennep: Spurensuche Tuchmacherstadt
49. Röntgen-Museum: Entdeckungsreise mit dem „X"
50. Gelpetal-Wanderung: gut gebrüllt, Bergischer Löwe!

Langenberg
44
Velbert
Heiligenhaus
43
Halloh
1
Neviges
483
Oberbarmen
535
Wülfrath
Katernberg
46
Barmen
41
Wuppertal
Elberfeld-West
7
Mettmann
Beyenburg
40
Elberfeld
7
Vohwinkel
42
Ronsdorf
Gruiten
43
50
49
48
Cronenberg
Gräfrath
46
Haan
224
Remscheid
51
228
44
47
46
229
Solingen
1
45
237
Bergisch Born
229
41
51
Kuhle
3
Leichlingen
542
Dabringhausen
Burscheid
Schnepprath
Große Dhünntalsperre
Biesenbach
Ropenstall
Kürten
59
Leverkusen
Scheuren
506
1
Dhünn
Odenthal

40 Bergischer Radring

DIE BERGISCHEN DREI IM SATTEL ENTDECKEN

Wer das Bergische Städtedreieck aus Wuppertal, Solingen und Remscheid mit dem Fahrrad entdecken möchte, ist auf dem Bergischen Radring richtig. Auf einer Länge von etwa 70 Kilometern „erfährt“ man zahlreiche landschaftliche und kulturelle Highlights der Region.

Eine Rundtour mit dem Fahrrad hat eine Eigenschaft, die sie für Wiederholungen prädestiniert, vorausgesetzt die selbst gesteckten Erwartungen werden erfüllt: Die Tour lässt sich in zwei Richtungen fahren, entweder im Uhrzeigersinn oder diesem entgegen. Man fährt zwar die gleiche Strecke, aber immer mit einem anderen Blickwinkel. Wir haben den Bergischen Radring im Uhrzeigersinn getestet.

Ein besonderes Merkmal des Bergischen Radrings ist es, dass er drei ehemalige Bahnstrecken, die mittlerweile in Fahrradtrassen umgewandelt worden sind, miteinander verknüpft: die Nordbahntrasse, die Korkenziehertrasse und die Balkantrasse. Diese sind zwar jeweils steigungsarm angelegt, aber dennoch ist die Tour nicht zu unterschätzen, da insgesamt über 800 Höhenmeter zu bewältigen sind.

Der ideale Start- und Zielpunkt, gerade für Besucher, die mit öffentlichen Verkehrsmitteln anreisen, ist der Bahnhof Vohwinkel. Hier lohnt direkt zum Start der Blick nach oben, denn mit der Schwebebahn (siehe Tipp 32) rattert auch gleich die erste Sehenswürdigkeit über die Köpfe hinweg.

Unterwegs auf der Nordbahntrasse

Bereits nach wenigen hundert Metern geht es auf die Nordbahntrasse (siehe auch Tipp 33), auf der man Wuppertal ohne Autoverkehr und Ampelstopp an sich vorbeigleiten lässt. Mit einer konstant leichten Steigung und beeindruckenden Ausblicken auf die Stadt führt die Strecke weiter durch Tunnel und über Viadukte bis nach Wichlinghausen.

Im Marscheider Bachtal

Über ein kurzes Stück der Schwarzbachtrasse lässt man mit dem Bezirk Langerfeld die Stadt hinter sich und erreicht das idyllische Marscheider Bachtal. Kaum zu glauben, dass man gerade erst eine Großstadt mit über 350.000 Einwohnern hinter sich gelassen hat. Über mehrere Kilometer führt der Bergische Radring nun über kaum befahrene Wege am Marscheider Bach entlang bis nach Lüttringhausen und anschließend nach Remscheid-Lennep. Spätestens hier lohnt sich ein längerer Stopp in der historischen Altstadt (siehe Tipp 48) und eventuell ein Besuch im Deutschen Röntgen-Museum.

Die historische Altstadt von Remscheid-Lennep

Frisch gestärkt und ausgeruht geht es auf einem Teilstück des Panoramaradwegs Balkantrasse weiter über Bergisch Born und Wermelskirchen, bis mit Schloss Burg (siehe Tipp 45) der ehemalige Stammsitz der Grafen von Berg und damit das nächste Highlight auf der Tour erreicht wird. Kurz vor Schloss Burg empfiehlt sich ein kurzer Stopp am Aussichtspunkt Hummelsburg bei Wermelskirchen-Neuenflügel. Von hier hat man einen wunderbaren Blick auf den Bergfried von Schloss Burg und bei guter Sicht bis tief in die Rheinebene hinein.

Schloss Burg

Hinter Schloss Burg geht es die Straße steil hinab bis nach Unterburg mit seinen zahlreichen hübschen bergischen Fachwerkhäusern. Anschließend fährt man immer wieder nahe am Ufer der Wupper entlang bis zur Müngstener Brücke (siehe Tipp 46). Dort wartet noch eine Überraschung, denn die Wupper kann hier mit einer selbst zu bedienenden Schwebefähre überquert werden, ein ganz besonderes Erlebnis!

Die Schwebefähre an der Müngstener Brücke

Die Hofschaft Grunenburg

Die Strecke führt weiter über die Hofschaft Grunenburg und durch eine eindrucksvolle Wald- und Felsenlandschaft stetig bergauf bis zum Aussichtspunkt Theegartener Kopf, von dem sich ein beeindruckender Panoramablick über Remscheid, Solingen und Wuppertal bietet.

Weiter geht es Richtung Solingen-Mitte, bis die nächste ehemalige Bahnstrecke, die Korkenziehertrasse, erreicht ist. Von hier aus radelt es sich wieder autofrei über den Stadtteil Wald bis nach Gräfrath (siehe Tipp 43). Hier lohnt ein kleiner Abstecher in die historische Altstadt mit ihrem idyllischen Marktplatz und den liebevoll restaurierten Fachwerkhäusern. Anschließend sind es nur noch

Blick vom Theegartener Kopf

Schwebebahn am Bahnhof Vohwinkel

wenige Kilometer, bis das Ziel, der Bahnhof von Vohwinkel, wieder erreicht ist.

Das Fazit: Der Bergische Radring ist eine durchaus anspruchsvolle, aber mehr als lohnenswerte Variante, das Bergische Städtedreieck aus Wuppertal, Solingen und Remscheid und zahlreiche seiner Sehenswürdigkeiten auf zwei Rädern zu entdecken. Und der Test der Strecke entgegen den Uhrzeigersinn ist bereits jetzt ausgemachte Sache.

Info

Lage: Der Bergische Radring ist eine Rundtour mit einer sehr abwechslungsreichen Streckenführung auf einer Länge von 70,3 Kilometern und insgesamt 810 Höhenmetern. Gute Kondition und/oder Fahrt mit dem E-Bike sind empfehlenswert.

Adresse: Start- und Zielpunkt ist der Bahnhof in Wuppertal-Vohwinkel, Bahnstraße 14-16, 42327 Wuppertal

Website: *bergisch-mal-drei.de* (hier Radfahren –Bergischer Radring; inkl. Tourenkarten- und GPX-Download)

Einkehren: Zahlreiche Möglichkeiten, u. a. auf der Nordbahntrasse, in Remscheid-Lennep, Solingen-Burg und Solingen-Gräfrath

HINWEIS: Wer den Bergischen Radring intensiv erleben und die zahlreichen Sehenswürdigkeiten unterwegs besuchen möchte, für den bietet es sich an, eine Übernachtung, beispielsweise in Remscheid-Lennep, einzuplanen.

41 Bergische Tradition

EIN NACHMITTAG MIT BERGISCHER KAFFEETAFEL

Zu jedem Besuch im Bergischen Land gehört eine Bergische Kaffeetafel dazu. Wer schon einmal in der Region unterwegs war, wird wissen, dass ein Nachmittag bei Kaffee aus der Dröppelminna, Milchreis, Rosinenstuten und Co. ein wichtiger Teil der Bergischen Tradition ist.

Die Bergische Kaffeetafel wurde erstmals Ende des 19. Jahrhunderts erwähnt. Damals war die industrielle Revolution auf ihrem Höhepunkt und die Menschen im Bergischen Land wollten zeigen, was sie haben. Gäste wurden zur „Bergischen Kaffeetafel" eingeladen. Diese Tradition sprach sich so schnell herum: Schon Anfang des 20. Jahrhunderts fuhren Städter mit Bussen in die Region rund um die Wupper, um ein bergisches „Kaffeestündchen" zu erleben. Diese Tradition wurde bis heute beibehalten, wenngleich sich die Speisen in den einzelnen Restaurants und Cafés unterscheiden.

Neben der Dröppelminna (Kranenkanne) mit klassischem Filterkaffee werden vielfältige Speisen gereicht. Beliebt ist hierbei der Milchreis mit Zimt und Zucker, Waffeln, Quark, verschiedene Arten von Brot (Rosinenstuten, Pumpernickel, Schwarz- und Graubrot) und verschiedene Brotaufstriche wie Honig, Marmelade, Zuckerrübensirup und Butter sowie rote Grütze oder Apfelkompott. Bei klassischen Kaffeetafeln wird zudem auch noch bergischer Zwieback gereicht. Je nach Anlass gibt es auch deftige Speisen. Vor allem Wurst und Käse, aber auch Eierspeisen standen bei manch einem größeren Event ebenfalls auf dem Tisch und werden auch heute noch zur bergischen Kaffeetafel angeboten.

Dröppelminna

Eine Dröppelminna ist eine bauchige Kaffeekanne auf drei Füßen. Der Kaffee kommt durch einen schmalen Zapfhahn. Erfunden wurde diese spezielle Art von Kaffeekanne wohl in Holland, wo es dieses Gefäß aus Porzellan im 17. Jahrhundert schon gab. Im Bergischen ist die „Dröppelminna" klassisch aus Zinn gefertigt. Der Name Dröppelminna stammt aus der Zeit, als der Kaffeesatz noch den Zapfhahn verstopfte und der Kaffee nur tröpfchenweise in das Sonntagsgeschirr gelangte.

Wie läuft denn „Koffeedrenken met allem dröm und draan" ab? Eine Bergische Kaffeetafel ist ein recht familiäres Ereignis. Die Reihenfolge beim Essen der leckeren Speisen ist dabei grundsätzlich egal. Klassisch wird jedoch mit Weißbrot begonnen. Hier drauf gehören Butter und Marmelade und obendrauf Milchreis (auf Wunsch mit Zimt und Zucker). Anschließend sollte man sich an die deftigen Brotsorten sowie an Wurst und Käse heranwagen. Beendet wird die Mahlzeit mit Schwarzbrot mit Butter und Quark, wer möchte kann noch Kuchen und Zwieback genießen. Die Waffeln werden zwischendurch gereicht und sollten möglichst warm gegessen werden. Ihr seht schon: Hunger solltet ihr definitiv mitbringen! Zum Abschluss gibt es traditionell einen Bergischen Korn oder Aufgesetzten.

Gehören zur Bergischen Kaffeetafel: Waffeln und Milchreis

Eine sehr lange „Kaffeetafel"-Tradition kann man in der Gaststätte Rüdenstein in Solingen erleben. Das altbergische Gasthaus liegt wenige Meter von der Wupper entfernt. Vor allem in der Vorweihnachtszeit ist schon die Anreise ein Highlight. Der Ort wird festlich geschmückt und lädt auch zu Wanderungen in die umliegenden Wälder ein. Das „Rüdenstein" selbst ist urig und schon seit 1929 ein Familienbetrieb. Nicht nur Einheimische kehren hier gern ein – in mehreren Gasträumen erlebt man viele „Kaffeetafeln". Eine Reservierung wird definitiv empfohlen, vor allem an den Wochenenden ist die Gaststätte Rüdenstein ein sehr beliebter Ausflugsort. Ebenfalls ein Erlebnis ist die Bergische Kaffeetafel in der Bürger-

Bürgermeisterei in Mettmann

meisterei in Mettmann. Hier können Kaffee, Waffeln und Milchreis in einem Museum genossen werden. Das besondere Kaffeestündchen wird hier jedoch nur wochentags nach Vorbestellung und ab einer Mindestteilnehmerzahl von zwölf Personen angeboten.

Info

Lage: Die Bergischen Kaffeetafeln werden an mehreren Orten im Bergischen Land angeboten. Zwei Empfehlungen mit ganz besonderen Ambiente und der Dröppelminna sind:

- Gaststätte Rüdenstein, Obenrüden 72, 42657 Solingen
- Stadtgeschichtshaus, Mittelstraße 10, 40822 Mettmann

Websites:

- *ruedenstein.de*
- *mettmann.de/web/?page_id=9632*

HINWEIS: Es empfiehlt sich, eine solche Kaffeetafel mit einer Wanderung durch das Bergische zu kombinieren.

Die Bergischen Drei entdecken

Müngstener Brücke

Die Region rund um das Bergische Städtedreieck lässt sich auf idyllischen Wanderrouten oder bequem per Rad entdecken. Verschiedene Touren stehen dabei zur Auswahl. Bei einer Wanderung über Höhen, durch Täler und entlang von Flüssen und Talsperren findet man Entspannung und Zeit zum Sehen und Erleben.

Das Bergische Land hält eine Vielzahl an Überraschungen bereit: Deutschlands höchste Eisenbahnbrücke, die Müngstener Brücke, Schloss Burg, historische Altstädte mit pittoresken Fachwerkhäusern sowie ehemalige Stätten der Industriekultur wie Kotten und Schmieden warten darauf, entdeckt zu werden. Ob Rundwanderweg oder Tagestour, hier kann man viel unternehmen.

Auch Etappen des Qualitätswanderweges „Bergischer Weg" verlaufen durch die Region rund um Remscheid, Solingen und Wuppertal. Der historische Wanderweg führt durch den Naturpark Bergisches Land bis zum berühmten Drachenfels im Siebengebirge.

Wer lieber die Region per Rad erkunden möchte, kann dies auf den drei Bergischen Panorama-Radwegen. Diese ehemaligen

Bahntrassen ermöglichen entspanntes Genussradeln ohne große Steigungen. Dabei verbinden die Panorama-Radwege Kulturerlebnisse mit der Bergischen Mittelgebirgslandschaft.

Der Fernradweg „Bergischer Panorama-Radweg" führt durch 14 Tunnel, über bis zu 35 Meter hohe Viadukte und unzählige Brücken. Er öffnet den Blick in weite Landschaften, zeigt Städte aus neuer Perspektive und bleibt immer auch der industriellen Vergangenheit auf der Spur. Die Strecke führt von Hattingen nach Wuppertal, über die Nordbahntrasse Richtung Solingen und weiter durch das Bergische Land bis ins Sauerland.

Die Balkantrasse verbindet Wuppertal und Remscheid mit dem Rheintal. In Remscheid können interessante Zeugnisse der Tuch- und Werkzeugindustrie besucht werden. Auch Abstecher zu den blauen Talsperren, die typisch für das Bergische Land sind, lohnen sich.

Nordbahntrasse, Wuppertal

Die Bergischen Drei bieten nicht nur Naturerlebnisse, sondern auch ein reichhaltiges kulturelles Angebot: Interessante Museen mit weltweit angesehenen Kunstausstellungen, beeindruckende Theater- und Konzerthäuser, in denen erstklassige Aufführungen stattfinden, architektonisch bedeutende Stadtviertel, z.B. Villenviertel aus der Gründerzeit und einzigartige Transportmittel, wie die Wuppertaler Schwebebahn. Eine perfekte Symbiose von Kulturerlebnissen und der Schönheit der Bergischen Mittelgebirgslandschaft.

Mehr Informationen zur Reiseplanung unter:

- *die-bergischen-drei.de*
- *einfach-bergisch-radeln.de*

42 Wuppervergnügen

MIT DEM KANU AUF DEM „BERGISCHEN AMAZONAS“

Noch in den 1970er Jahren zählte die Wupper zu den am stärksten verschmutzten Flüssen. Mittlerweile ist die Wasserqualität wieder sehr gut, sodass in der Wupper unter anderem auch wieder gefischt werden kann und sie auch schon einmal als Bergischer Amazonas bezeichnet wird. Eine Tour mit dem Kanu auf der Wupper ist ein unvergessliches Erlebnis.

Das Wasser ist ein omnipräsentes Element im Bergischen Land. Eines der prägenden Gewässer ist die Wupper. Diese lässt sich an verschiedenen Stellen auch mit dem Kanu oder dem Kajak erleben.

Eine beliebte Variante ist dabei eine geführte Tour von Burgholz nach Müngsten, die auch bei niedrigen Wasserständen fahrbar ist. Für die neun Kilometer lange, sehr abwechslungsreiche Strecke sollten etwa drei Stunden Zeit eingeplant werden. Nach einer kurzen Technikeinweisung durch die beiden erfahrenen Guides, die die Tour mit einem Kajak begleiten, geht es los.

Wildromantisch ist der Verlauf der Wupper auf diesem Abschnitt, steiniges Flussbett an beiden Ufern, oft steile Hänge mit dichtem Baumbestand. Immer wieder gibt es die ein oder andere Stromschnelle, die den Adrenalinspiegel für Ungeübte

Entspanntes paddeln auf einem ruhigen Abschnitt

schon einmal ein bisschen ansteigen lässt. Gut, dass die Guides immer in der Nähe sind, wenn sich ein Kanu einmal im stellenweise recht flachen Wasser festgefahren hat.

Etwa auf halber Strecke wird eine Pause eingelegt, bei der mit kleinen Snacks und Getränken das Erlebte ausgetauscht werden kann. Nach etwa einer halben Stunde geht es weiter. Nur kurz wird das durchgängige Grün am Ufer bei Kohlfurth unterbrochen und dann ist es auch nicht mehr weit bis zum Etappenziel am Parkplatz Müngsten. Egal ob Anfänger oder Fortgeschrittener, die Tour auf der Wupper hat für alle ihren Reiz.

Info

Lage: Der Parkplatz Burgholz West liegt bei Wuppertal-Cronenberg, etwa 25 Kilometer östlich von Düsseldorf.

Adresse: Start der Tour am Parkplatz Burgholz West an der L74 (Einstieg Arboretum), Ziel Parkplatz Müngstener Brücke, ebenfalls an der L74 (Ausstieg Müngsten)

Anbieter:

- Wupper Kanutouren: Thomas Becker, Hagedornweg 6a, 42699 Solingen, *wupperkanutouren.de*
- Wupperkanu, Alexander Comes/Barbara Nephuth, An der Glashütte 3, 42799 Leichlingen, *wupperkanu.de*

43 Gräfrath

MIT SCHARFER KLINGE UND HISTORISCHER ALTSTADT

Idyllische, schieferverkleidete Fachwerkhäuser und die imposante Klosterkirche im historischen Stadtkern hinterlassen einen prägenden Eindruck. Aber auch kulturell kommt der Besucher des Solinger Stadtteils Gräfrath auf seine Kosten: Neben dem Klingenmuseum sowie dem Kunstmuseum lädt der Tierpark Fauna insbesondere Familien zum Besuch ein.

In der Altstadt von Gräfrath scheint die Zeit stehen geblieben zu sein. Egal in welche Richtung der Blick schweift, überall sieht man liebevoll restaurierte Fachwerkhäuser mit der im Bergischen Land typischen Schieferverkleidung und den grünen Fensterladen. Über 100 Baudenkmäler dieser Art finden sich im Ortskern, der auch in seiner Gesamtheit unter Denkmalschutz steht. Der seit dem 18. Jahrhundert kaum veränderte Marktplatz mit idyllischem Brunnen und umliegender Gastronomie lädt zum Verweilen ein.

Der Bergische Fachwerk-Dreiklang

Weithin sichtbar ist das Wahrzeichen von Gräfrath, die Klosterkirche St. Mariä Himmelfahrt mit ihrem achtseitigen Dachreiter sowie dem darüber liegenden türmchenartigen Aufsatz. Der Aufstieg ist keine Himmelfahrt, aber die 72 Stufen zur Kirche ermöglichen immer wieder einen Blick zurück auf den historischen Ortskern.

Die Klosterkirche ist das älteste Gebäude der Stadt, die Ursprünge gehen etwa auf das Jahr 1195 zurück, als die Kirche in Form einer romanischen Pfeilbasilika und als Stiftskirche der Augustinerchorfrauen errichtet worden ist. Ihr heutiges Erscheinungsbild erhielt sie durch Wiederaufbauarbeiten nach Bränden in den Jahren 1686 und 1717 im damals zeitgemäßen Barockstil. Direkt neben der Kirche befindet sich das ehemalige Augustiner-Chorfrauen-Stift, in dem das Deutsche Klingenmuseum die weltweit größte historische Besteckkammlung sowie Schneidwaren und Klingenwaffen aus verschiedenen Epochen und Kulturen präsentiert. Die Vielfalt der Exponate reicht dabei vom bronzezeitlichen Schwert bis zum zeitgenössischen Besteck und

Das Deutsche Klingenmuseum

erläutert damit zugleich die Entwicklung und Bedeutung des Schneidens für die Geschichte der Menschheit.

Im eigenen Schmiedehaus können in Workshops zudem Bronzeschwerter oder auch ein Hobbitschwert beim Eltern-Kind-Workshop geschmiedet oder auch ein Einblick in die Kunst des Fechtens genossen werden. Pädagogisch wertvoll: Im Nachbargebäude gibt es zudem ein Klingenmuseum für Kinder, in dem viele Gegenstände ausprobiert, bewegt und gedreht werden können. Im Gebäude des Klingenmuseums ist zudem das Gräfrath Museum untergebracht, das die Geschichte des Solinger Stadtteils präsentiert.

Im ehemaligen Gräfrather Rathaus, erbaut 1908, befindet sich seit 1996 das Kunstmuseum Solingen, in dem vornehmlich regionale Kunst des 19. und 20. Jahrhunderts präsentiert wird. Von herausragender Bedeutung sind die frühen Gemälde und Grafiken Georg Meistermanns, der zu den bedeutendsten deutschen Künstlern der Nachkriegszeit zählt. Außerdem ist hier das Zentrum für verfolgte Künste beherbergt. Es ist Europas einzige Institution, die sich dauerhaft mit verfolgten Künstlern und ihren verbotenen Werken auseinandersetzt.

Nach so viel Architektur und Kultur bietet sich anschließend die Gelegenheit zur Einkehr in einem der Cafés und Restaurants auf dem Marktplatz. Anschließend lohnt noch ein kurzer Spaziergang durch den Park Gräfrather Heide. Dort erreicht man zunächst den Tierpark Fauna mit einheimischen und exotischen Tieren sowie einem Spielplatz, der insbesondere für Familien mit Kindern ein lohnenswertes Ziel darstellt.

Auf der gegenüberliegenden Straßenseite gelangt man auf 276 Metern zum höchsten Punkt Solingens und erblickt zudem ein weiteres Wahrzeichen, den Lichtturm Solingen, ein ehemaliger Wasserturm. Der Turm befindet sich in Privatbesitz, wurde aufwendig renoviert und im oberen Bereich zu einem lichtdurchfluteten Glaskuppelsaal umgebaut. Für Tagungen, Workshops oder auch standesamtliche Trauungen kann der Turm gemietet werden. Von dort genießt man zum einen wunderbare Ausblicke in die Bergische Landschaft, mehrere Wanderwege erschließen zum anderen die reizvolle Grünlandschaft der Umgebung.

Der Lichtturm Solingen

Info

Lage: Solingen liegt etwa 20 Kilometer südöstlich von Düsseldorf. Gräfrath, einer von fünf Solinger Stadtbezirken, grenzt im Westen an Haan, im Norden und Osten an Wuppertal-Vohwinkel.

Einkehren:

- Kaffeehaus Solingen: Café mit internationaler Küche; Gräfrather Markt 7, 42653 Solingen, *kaffeehaus-solingen.de*
- Gräfrather Klosterbräu: traditionelle deutsche Hausmannskost; In der Freiheit 24, 42653 Solingen, *graefratherklosterbraeu.de*

Aktivitäten:

- HARIBO Fabrikverkauf Solingen, Wuppertaler Straße 76, 42653, *haribo.com*

Websites:

- Heimatverein Solingen-Gräfrath e. V.: *heimatverein.eu*
- *bergisch-mal-drei.de* (hier Städte und Kultur – Sehenswürdigkeiten –Altstadt Gräfrath)

44 Galileum in Solingen

ABENTEUER IN DEN STERNEN

Im Solinger Stadtteil Ohligs befindet sich seit 2019 ein Planetarium mit Sternwarte, das Industriekultur mit Wissenschaft verbindet. In einem ehemaligen Kugelgasbehälter, der von 1957 bis 2009 als Vorratsspeicher für Koksofengas genutzt wurde, wurde das Planetarium mit 86 Zuschauerplätzen eingerichtet. Die Kuppelweite beträgt zwölf Meter, dank Fulldome Technik hat man im Saal einen 360-Grad-Rundumblick.

Wie wäre es mit einer Reise in die unendlichen Weiten des Alls? Das ist in Solingen an einem ganz besonderen Ort möglich. In einem stillgelegten Kugelgasbehälter können Gäste in die Weiten des Universums entfliehen.

In bis zu 15 Shows pro Woche sind Reisen in die Tiefen des Weltalls genauso beliebt wie Musikshows von Queen und spannende Kinderprogramme mit dem kleinen Eisbär und Tabaluga. Auch Liveshows und Übertragungen aus der Sternenwarte Solingen mit Analysen des aktuellen Sternenhimmels sowie Lesungen werden regelmäßig angeboten.

Architektonisch ist auch das Innere des Galileum eine kleine Besonderheit. Das Planetarium ist eine Kugel in der Kugel (dem ehemaligen Gasbehälter), die einmal umrundet werden kann. Auf der Höhe des Äquators führen zwei verglaste Gänge aus dem Nebengebäude in die Kugel hinein.

Im Neubau neben dem Planetarium finden Ausstellungen, Konferenzräume und ein Shop ihren Platz, auch befindet sich eine Sternwarte auf dem Dach, die von Mitgliedern der Walter-Horn-Gesellschaft e. V. genutzt werden kann. Die kleine Dauerausstellung zur Mondlandung ist ebenfalls recht spannend. Hier kann sich der Besucher im Raumanzug in einer Mondkulisse fotografieren lassen.

Der Name des Planetariums wurde inspiriert durch den Naturforscher Galileo Galilei, der im 17. Jahrhundert das Teleskop und das Fernrohr erfand.

Ausstellungsraum Galileum

Das Galileum ist nur wenige Gehminuten vom Solinger Hauptbahnhof entfernt und daher auch ohne Auto gut zu erreichen. Vor allem für Schulen und Kindergärten in NRW bietet die Erlebniswelt Galileum ein spannendes Angebot zur Astronomie.

Info

Lage: Solingen liegt etwa 20 Kilometer südöstlich von Düsseldorf.

Auskunft: Galileum, Walter-Horn-Weg 1, 42697 Solingen

Aktivitäten: *galileum-solingen.de*

HINWEIS: Das Planetarium ist klimatisiert und daher im ganzen Jahr besuchbar. Es wird empfohlen, Tickets vorab zu buchen.

45 Schloss Burg

WAHRZEICHEN DES BERGISCHEN LANDES

Schloss Burg hat einige bewegte Jahrhunderte hinter sich. Heute gilt es als eines der Wahrzeichen des Bergischen Landes. Das Schloss in Burg war seit dem 12. Jahrhundert Wohnsitz der Grafen und Herzöge von Berg. Schon die Anreise ist ein Abenteuer. Durch das schöne Bergische Land und mit einer Seilbahn lässt sich der geschichtsträchtige Ort erreichen.

Ein Schloss, das Burg heißt oder eine Burg, die sich Schloss nennt? Das ist die meist gestellte Frage in Bezug auf das Bauwerk zwischen Solingen und Remscheid. Und eigentlich ganz einfach zu beantworten – denn der Ort, in dem sich das Schloss befindet, nennt sich Burg. Die Ortsgründung ging einher mit dem Bau der Burg, die jetzt das Schloss ist. Genug der Verwirrung, denn eines ist unwiderruflich klar. Bevor Düsseldorf im 14. Jahrhundert die Residenz der Grafen von Berg wurde, lebten die Mitglieder der Adelsfamilie im Bergischen Land und auch auf der Burg zwischen Solingen und Remscheid. Erst im Anschluss, um das Jahr 1500, wurde die Burg ausgebaut und wohnlicher gemacht. Aus der Verteidigungsanlage in Burg wurde das Schloss Burg.

Wandmalerei in Schloss Burg

Der Weg zum heutigen Gebäude war jedoch ein steiniger – im wahrsten Sinne des Wortes. Denn als die Adelsfamilie von Berg im 17. Jahrhundert nach Schloss Benrath „auswanderte", verfiel die Burg bis ins späte 19. Jahrhundert immer mehr. Kriege und Materialknappheit in der Industrialisierung taten ihr Übriges, die Steine der Anlage wurden für den Bau von Häusern genutzt, sodass um 1860 von dem ehemals prunkvollen Schloss nur noch eine Ruine übrig blieb. Die Bewohner von Burg und Unterstützer der Anlage erreichten ab 1890 dann nicht nur die Sicherung der noch verbliebenen Ruine, sondern auch einen Wiederaufbau des Schlosses.

Schon seit 1894 befindet sich in den Räumen von Schloss Burg ein Museum. Noch bis 2025 wird das Bergische Museum Schloss Burg an der Wupper auf den aktuellen Stand der Technik gebracht. Bereits jetzt sind digitale Zeitreisen mit VR-Brille in das Mittelalter auf Schloss und Burg im Bergischen möglich.

Nach Abschluss der Renovierung erstrahlen dann Rittersaal, Ahnengalerie und Kemenate in neuem Glanz. Im Museum selbst lassen sich von der allseits beliebten Dröppelminna bis hin zum Schatz von Schloss Burg allerhand spannende Artefakte aus 700 Jahren Burgleben entdecken. Im Rahmen von öffentlichen Führungen kann man das Adelshaus auch im Dunkeln entdecken! Besonders lohnenswert ist auch die Besteigung des Bergfriedes. Nach 127 Stufen bietet sich den Gästen ein toller Blick über das Bergische Land.

Der Schlosshof wird schon seit einigen Jahren für Open-Air-Veranstaltungen wie Konzerte und Lesungen genutzt. Rund um das Schloss kommen vor allem diejenigen auf ihre Kosten, die gerne an schönen Plätzen entspannt einen Kaffee oder Tee trinken möchten. In unmittelbarer Umgebung von Schloss Burg gibt es sechs Cafés, die unter anderem auch die Bergische Kaffeetafel anbieten. Auch ein Antiquitätenladen und ein Weingeschäft mit Espressobar locken zahlreiche Gäste zu Schloss Burg.

Kaffee Voigt

Unterburg

Einen Blick sollte jeder Besucher des Schlosses auch auf Unterburg werfen. Die kleine Gemeinde am Fuß der großen Sehenswürdigkeit kann entweder über die Burgstiege oder bei schönem Wetter mit der Seilbahn erreicht werden. Wohl dem, der für den Weg nach unten den Steig und für den Weg nach oben die Seilbahn nehmen kann!

Burg bietet mit zahlreichen historischen Fachwerk- und Schieferhäusern am kleinen Fluss Eschbach die perfekte Kulisse für viele schöne Fotos. Auch wenn vor allem in den Sommermonaten zahlreiche Ausflügler unbedingt mit dem Auto in die kleine Gemeinde fahren müssen, so wirkt es hier an einigen Stellen so, als wäre die Zeit stehen geblieben. Auch der Blick zur evangelischen Kirche und dem alten Friedhof bestätigt dieses Gefühl.

Rund um Schloss Burg lässt es sich ausgiebig wandern. Ob der Erlebnisweg Wupper, der Klingenpfad, der Bergische Weg für Fernwanderer – rund um Schloss Burg gibt es zahlreiche Touren. Eine kurze Wanderung ist beispielsweise der wunderschöne Weg zum Brückenpark in Müngsten entlang der Wupper.

Info

Lage: Schloss Burg ist 30 Kilometer in südöstlicher Richtung von Düsseldorf entfernt.

Adresse: Schloss Burg, Schlossplatz 2, 42659 Solingen

Website: *schlossburg.de*

HINWEISE:

- Schloss Burg lässt sich sehr gut mit dem Müngstener Brückenpark kombinieren, siehe Tipp 46.
- Bis 2025 finden noch Renovierungsarbeiten im Schloss Burg statt, die Anlage ist jedoch geöffnet.
- Unbedingt die Burger Brezel probieren!

46 Müngstener Brücke

WAHRZEICHEN DER BERGISCHEN INDUSTRIALISIERUNG

5000 Tonnen Stahl verbinden Remscheid und Solingen. Die Müngstener Brücke ist seit über 125 Jahren ein Wahrzeichen der bergischen Industrialisierung. Auch wenn für die Industrie im Bergischen der Koloss aus Stahl keine Rolle mehr spielt – mit 107 Metern ist sie immer noch Deutschlands höchste Eisenbahnbrücke. Und: Rund um die stählerne Bogenbrücke gibt es einiges zu erleben!

Am 22. März 1897 wurde die Eisenbahnbrücke feierlich eröffnet. Damals noch unter dem Namen „Kaiser Wilhelm Brücke". Der Kaiser war bei der Eröffnung der Brücke jedoch nicht anwesend. Er schickte Prinz Friedrich Leopold von Preußen. Viele Jahre diente die Brücke dann dem Transport von Kohlen und Erzen. Seit 2011 ist damit Schluss, denn die Gütertransporte sind zu schwer. Auch Dampfzüge sind auf dieser Strecke eine absolute Seltenheit. Heute können nur noch „leichte" Bahnen das Bauwerk befahren. Alle 20 Minuten überquert ein Zug das Müngstener Tal. Hier fährt der Regionalexpress 47, „Müngstener" genannt, sowie die S7. Beide verbinden die Städte Wuppertal, Remscheid und Solingen miteinander. Die Überfahrt in 107 Meter Höhe ist ein besonderes Erlebnis.

Am Bahnhof Solingen-Schaberg, der sich direkt hinter der Müngstener Brücke befindet, geht ein schmaler Weg hinab ins Tal und zum Müngstener Brückenpark. Auf dem Weg nach unten wird es vor allem für Familien aufregend, denn hier befindet sich der Spiel- und Bewegungspfad. Neben einer Kurvenrutsche, einem Kletternetz und einer anspruchsvollen Himmelsleiter müssen im Tal knifflige Rätselaufgaben gelöst werden.

Jedes Jahr besuchen mehr als 300.000 Menschen den Müngstener Brückenpark. Als Projekt der „Regionale 2006" gestartet, hat sich das Gelände zwischen Solinger Straße und Müngstener Brücke zu einem beliebten Ausflugsziel der Region gemausert. Direkt an der Wupper gelegen, lockt vor allem das Haus Müngsten mit einem Restaurant Gäste an. Auf der großen Außenterrasse hat man einen tollen Blick auf die Müngstener Brücke. Wer im Schatten der

Im Müngstener Brückenpark

Der Diederichstempel

Brücke direkt am Ufer der Wupper etwas relaxen oder picknicken möchte, hat dazu auf den Rasenflächen unterhalb des Stahlkolosses ausreichend Platz. Auch eine Kunstschmiede und ein Minigolfplatz lohnen einen Besuch.

Die Schwebefähre über die Wupper

Eine besondere Attraktion wird an regenfreien Tagen angeboten: Eine Fahrt mit der Schwebefähre über die Wupper. Sie funktioniert wie eine Draisine und ist in ihrer Art einmalig. Für die Überquerung des Flusses ist hier Muskelkraft gefragt! Nicht nur an sonnigen Tagen empfiehlt sich eine Wanderung rund um die Müngstener Brücke, die sich gut kombinieren lässt mit einem Besuch auf Schloss Burg. Auch der Diederichstempel am Rande des Müngstener Brückenparks sollte unbedingt Teil einer Rundwanderung sein!

Eine einzigartige Attraktion gibt es seit 2021 für alle, die die Müngstener Brücke einmal ganz anders erleben wollen - den Müngstener Brückensteig. Ein begleiteter Aufstieg führt dabei auf den Bogen der Brücke in 100 Meter Höhe. Während der Besteigung der Brücke sind alle Gäste gesichert und zwar mit Helm und Klettergurt. Selbst das Smartphone oder die Kamera werden sicher verpackt. Unterwegs erzählt das Brücksteig-Team spannende Geschichten über den Bau der Brücke und über die Legenden, die rund um das Bauwerk kursieren. So soll sich irgendwo eine goldene Niete verstecken – gefunden hat sie in 125 Jahren jedoch niemand.

Rund 777 Stufen befinden sich auf der Müngstener Brücke. Ein großer Teil dieser Stufen wird beim Auf- und Abstieg erklommen und das ist eine echte Herausforderung: erst steil, dann etwas flacher und am Scheitelpunkt fast eben. Dieses besondere Erlebnis gibt es in ähnlicher Art nur auf der Harbour Bridge in Sydney.

Wanderung rund um die Müngstener Brücke

Janett auf dem Brückensteig

Den größten Adrenalinschub gibt es beim Überqueren der Brücke über einen Brückenbalken. Für weniger Wagemutige gibt es eine breitere Plattform, aber auch diese muss über eine Leiter in 100 Metern Höhe erklommen werden. Während des Aufstiegs auf den Brückensteig gibt es nicht nur viele spannende Momente, auch dem Auge wird etwas geboten. Die Ausblicke von oben auf das Müngstener Tal sind beeindruckend. Vor allem im Sommer und Herbst lässt sich feststellen, wie grün das Bergische Land ist. Auch die leichten Schwingungen, wenn die S7 während der Besteigung über die Müngstener Brücke fährt, sind eine wirklich besondere Erfahrung.

Der Guide der Brückensteig Tour hält das Abenteuer mit einer Kamera fest. Am Schluss bleibt nicht nur die Erinnerung an ein spannendes Erlebnis, sondern auch das passende Beweisfoto dazu. So können sich die Gäste komplett auf das Abenteuer „Müngstener Brückensteig" konzentrieren.

Beim Abstieg

Im Haus Müngsten, wo jede Brückenbesteigung beginnt und nach 2,5 Stunden endet, lässt es sich im Anschluss noch bei einem Kaffee entspannen.

Info

Lage: Der Brückenpark Müngsten und die Müngstener Brücke liegen etwa 30 Kilometer südöstlich von Düsseldorf.

Adresse: Müngstener Brückenweg, 42659 Solingen. Mit der Bahn Anreise zum Bahnhof Solingen-Schaberg von Wuppertal, Solingen und Düsseldorf möglich (RE47, S7)

Website: *die-muengstener-bruecke.de*

Hinweise:

- Der Brückenpark ist jederzeit frei zugänglich.
- Die Schwebefähre ist von Dezember bis Februar geschlossen und fährt nur bei trockenem Wetter, *haus-muengsten.de/schwebefaehre*
- Die Touren auf dem Brückensteig finden tagsüber zu allen Jahreszeiten statt. Die Buchung ist nur vorab möglich, *brueckensteig.de*

47 Liewerfrauenweg

AUF DEN SPUREN STARKER FRAUEN

25 Themenwanderwege, die sogenannten Bergischen Streifzüge, verzeichnet das Bergische Wanderland. Der neueste, der Liewerfrauenweg, wurde erst im Mai 2023 eingeweiht. Der 15,5 Kilometer lange Rundweg führt durch reizvolle bergische Landschaften und entlang historischer Kotten.

Sie waren das Bindeglied zwischen den an den Bächen und Flüssen liegenden Schleifkotten und den Solinger Kaufmannskontoren. Mit einem Korb auf dem Kopf transportierten die „Liewerfrauen" (Lieferfrauen) Klingen- und Scherenteile mit einem Gewicht von bis zu 25 Kilogramm zwischen den Kotten (Werkstätten der Messer- und Scherenschleifer) und den Kaufmannskontoren in Solingen hin und her. Strecken von zehn Kilometern bergauf und bergab durch schwieriges Gelände waren keine Seltenheit. Bis in die 1920er-Jahre hinein waren die Liewerfrauen, meist Ehefrauen der Messer- und Scherenschleifer, im Solinger Stadtgebiet unterwegs. Der Bergische Streifzug mit der Nummer 25 zeichnet diese Transportwege symbolisch nach und vermittelt auf zehn Informationstafeln Wissenswertes über die Liewerfrauen, ihren Arbeitsalltag, aber auch zu den Schleifkotten in der Region.

Im Pilghauser Bachtal

Start und Ziel des Bergischen Streifzugs mit der Nummer 25 ist die ehemalige Stahlwarenfabrik Fried. Herder Abr. Sohn, in der heute ein Gründer- und Technologiezentrum untergebracht ist. Hier ist noch das Lieferkontor der Firma Herder erhalten, das die Waren der Liewerfrauen entgegennahm. Schon von Weitem fällt am Eingang des Gründerzentrums die überlebensgroße grüne Skulptur einer Liewerfrau ins Auge.

Ist der Start der Wanderung noch städtisch geprägt, so führt der Weg bereits nach wenigen Minuten hinab in das Pilghauser Bachtal. Im weiteren Verlauf des Tales führt die Strecke an mehreren ehemaligen Kotten vorbei. Weiter geht es entlang des Nacker

Bachs, bis dieser in die Wupper mündet. Anschließend folgt der Liewerfrauenweg dem Verlauf der Wupper ein Stück flussaufwärts bis zum Wipperkotten.

Der Wipperkotten

Der direkt an der Wupper gelegene Doppelkotten ist einer der letzten noch im Original erhaltenen Schleiferkotten, der vermutlich im frühen 17. Jahrhundert erbaut wurde. Bis zu 18 Messerschleifer arbeiteten hier gleichzeitig. Während der wupperseitige Teil des Doppelkottens in privater Hand ist, werden im kleineren Außenkotten auch heute noch an wasserkraftbetriebenen Schleifsteinen Messer und Scheren geschliffen sowie Führungen angeboten.

Die Wupper kurz hinter dem Wipperkotten

Vom Wipperkotten geht es noch ein Stück weiter wupperaufwärts, bis ein schmaler, teilweise recht steiler Pfad zur Friedrichshöhe hinauf führt. Eine beeindruckende Aussicht bis in die Rheinebene entschädigt für den kräftezehrenden Anstieg. Weiter geht es in Richtung des Solinger Ortsteils Lache. Dort ist an einem Fachwerkhaus eine beeindruckende überlebensgroße Schnitzerei einer Liewerfrau zu sehen.

Nun führt der Liewerfrauenweg weiter ins Weinsberger Bachtal, in dem es zahlreiche Kotten und Mühlen gab, von denen einige – zu Wohnhäusern umgebaut – auch heute noch existieren. Durch ein Waldstück geht es vorbei am Ortsteil Höhscheid, bis es langsam städtischer wird. Kurz darauf wird wieder das Gründer- und Technologiezentrum erreicht.

Liewerfrauen-Schnitzerei in Lache

Info

Lage: Solingen liegt etwa 20 Kilometer südöstlich von Düsseldorf.

Adresse: Start und Ziel des Liewerfrauenwegs (Bergischer Streifzug Nr. 25) ist das Gründer- und Technologiezentrum, Lieferkontor, Grünewalder Straße 29-31, 42657 Solingen

Website: *bergisches-wanderland.de/bergische-streifzuege/alle-streifzuege/25-liewerfrauenweg-solingen-155-km* (inkl. GPX-Download)

Aktivitäten:

- Besichtigung des Wipperkotten: Wipperkotten 2, 42699 Solingen, *schleiferei-wipperkotten.de*
- Besuch des Museums Plagiarius, Museum für Plagiate und Fälschungen: Bahnhofstraße 11, 42651 Solingen, *museum-plagiarius.de*

Einkehren:

- Café und Bistro Haasenmühle, Haasenmühle 1, 42699 Solingen, *haasenmuehle.de*
- Gaststätte Rüdenstein: Obenrüden 72, 42657 Solingen, *ruedenstein.de*

48 Lennep

SPURENSUCHE TUCHMACHERSTADT

Lennep ist eine der ältesten Städte des Bergischen Landes, bereits zwischen 1259 und 1276 wurden die Stadtrechte verliehen und neben Wipperfürth, Ratingen und Düsseldorf galt Lennep als eine der vier Hauptstädte im Herzogtum Berg. Nicht zuletzt durch seine geografisch günstige Lage entwickelte sich Lennep zu einer bedeutenden Handelsstadt und wurde im 13. Jahrhundert sogar Mitglied der Hanse. Mehrfach zerstörten Brände (in den Jahren 1325, 1563 und 1746) die Stadt nahezu vollständig. Beim letzten Brand wurden fast alle 430 Häuser und sogar das Kirchenschiff der Stadtkirche vernichtet.

Fachwerkhäuser im Bergischen Dreiklang, eine spannende Geschichte als Tuchmacherstadt, das Geburtshaus des ersten Nobelpreisträgers für Physik und vieles mehr lässt sich in Lennep bei einem „offiziellen" Stadtrundgang entdecken und erleben.

Diese und viele weitere Informationen zu historischen Ereignissen erfährt der Besucher von Lennep auf dem etwa 2,5 Kilometer langen Stadtrundgang „Spurensuche Tuchmacherstadt", der am Deutschen Röntgen-Museum startet. Der Rundweg führt mit einem ersten Abstecher zum Tuchmuseum Lennep. Hier erzählen zahlreiche original erhaltene Gegenstände von der Tuchmacherei in der Region, von der Wollverarbeitung sowie von der Geschichte eines einst weltumspannenden Unternehmens.

Der Alte Markt in Lennep

Vorbei geht es an der Evangelischen Stadtkirche bis zum „Alten Markt" mit dem historischen Rathaus. Hier laden einige Restaurants und Cafés zu einer Pause ein. Über die Wallstraße, an der die ehemalige Stadtmauer verlief, geht es zum Rosengarten und zum Hardtpark, in dem früher die Tuche zum Trocknen ausgelegt wurden. 1956 stiftete der Fabrikant Albert Hardt den Park der Stadt Lennep. Der Rundgang lässt mit 50 Schautafeln an verschiedenen Stellen immer wieder die Geschichte von Lennep lebendig werden.

Info

Lage: Remscheid-Lennep liegt etwa 35 Kilometer östlich von Düsseldorf.
Adresse: Start und Ziel des Rundwegs „Spurensuche Tuchmacherstadt" ist das Deutsche Röntgen-Museum, Schwelmer Straße 41, 42897 Remscheid

Website: *bergisch-mal-drei.de* (hier Wandern – Spurensuche Tuchmacherstadt; inkl. GPX-Download)

Aktivitäten:
- Besuch des Tuchmuseums: Hardtstraße 2, 42897 Remscheid-Lennep, *tuchmuseum.de*
- Besuch des Deutschen Röntgen-Museums: siehe Tipp 49

49 Röntgen-Museum

ENTDECKUNGSREISE MIT DEM „X“

Nur drei Jahre lebte Wilhelm Conrad Röntgen in seiner Geburtsstadt Lennep, dennoch ist er allgegenwärtig in dem Ort, in dem er am 27. März 1845 das Licht der Welt erblickte. Sein Geburtshaus steht nur wenige hundert Meter vom heutigen Standort des Museums entfernt. Im Jahr 1895 gelang ihm in Würzburg seine größte wissenschaftliche Leistung: Er entdeckte die „X-Strahlen“, die in Deutschland nach ihm Röntgen-Strahlen benannt wurden. Für seine Entdeckung erhielt er 1901 den ersten Nobelpreis für Physik.

Unsichtbares erlebbar machen, das ist das Motto des Röntgen-Museums, das sich damit auf die Spuren eines großen Sohnes der Stadt, Nobelpreisträgers und Entdeckers der Röntgen-Strahlung begibt. Und es schlägt eine Brücke von den Anfängen der Röntgen-Diagnostik hin zu den heutigen Einsatzgebieten.

Pläne für ein Röntgen-Museum in Lennep gab es bereits zu seinen Lebzeiten, die erste Ausstellung wurde jedoch erst 1932 eröffnet und mehrfach erweitert. Auf insgesamt 2100 Quadratmetern wird heute die Person Wilhelm Conrad Röntgen, sein Wirken, die Entdeckung der Röntgen-Strahlung und die weitere Entwicklung der Technik dokumentiert. Das Museum bietet eine spannende Mischung aus Information und Unterhaltung und lässt den Besucher immer wieder ausprobieren oder auf Entdeckungstour gehen.

Das Röntgen-Museum

Beeindruckend ist die Sammlung der verschiedensten Röntgengeräte, aber auch die Dokumentation ihrer Einsatzzwecke, von den ersten Geräten bis hin zur Magnetresonanztomografie (MRT) in der modernen Diagnostik. So erfährt der Besucher beispielsweise auch, dass bis in die 1970er-Jahre hinein Pedoskope unter Nutzung von Röntgen-Strahlung zur Überprüfung der Passgenauigkeit von Schuhen eingesetzt wurden oder dass Röntgenstrahlen auch in der Astronomie eine Rolle spielen.

Historische Röntgen-Geräte in der Ausstellung

Die Konzeption des Museums ist gelungen, sie führt den Besucher auf eine spannende Erfahrungs- und Erlebnisreise und macht die Welt des Unsichtbaren in Medizin, Naturwissenschaft und Technik für alle Altersgruppen im wahrsten Sinne des Wortes begreifbar.

Info

Lage: Remscheid-Lennep liegt etwa 35 Kilometer östlich von Düsseldorf.

Auskunft: Röntgen-Museum, in der historischen Altstadt von Remscheid-Lennep, Schwelmer Straße 41, 42897 Remscheid

Website: *roentgenmuseum.de*

50 Gelpetal-Wanderung

GUT GEBRÜLLT, BERGISCHER LÖWE!

Wer Industriegeschichte, Talsperrenidylle und Bergische Landschaften perfekt miteinander verbinden möchte, der ist im Gelpetal zwischen Wuppertal und Remscheid auf dem richtigen Weg. Mehrere Wanderungen mit Längen zwischen fünf und zwölf Kilometern stehen zur Auswahl, auf denen der Steffenshammer und die Ronsdorfer Talsperre beliebte Ziele sind.

Funde von Erzbaustätten legen nahe, dass im Gelpe- und im Saalbachtal bereits im 10. Jahrhundert Erz abgebaut und Eisen verarbeitet wurde. Im Laufe der Jahrhunderte entstanden zahlreiche Hammerwerke und Schleifkotten an der Gelpe und am Saalbach, die das fließende Wasser als Antrieb für ihre Anlagen nutzten.

Der Steffenshammer

Als Start für eine Wanderung in dem malerischen Tal bietet sich der zu Remscheid gehörende Ortsteil Clemenshammer an. Hier siedelten sich im 16. Jahrhundert mehrere Hammer-, Schmiede- und Schleifkotten an, von denen nur noch der Steffenshammer erhalten ist. Bis 1928 war der Steffenshammer in Betrieb, geschmiedet wurde hier neben Werkzeugen und Kleineisenwaren vor allem Raffinierstahl. Heute wird er von einem Förderverein erhalten und betrieben.

Obstwiese bei Remscheid-Westen

Kurz hinter dem Wohnplatz Clemenshammer geht es einen steilen Waldpfad hinauf bis in die Remscheider Ortsteile Westen und Heusiepen sowie das Wuppertaler Wohnquartier Heidt. Über Felder und Wiesen führt der Weg nun zur Ronsdorfer Talsperre, der kleinsten Talsperre des Bergischen Landes, in der seit 1899 der Saalbach aufgestaut wird. Bis in die 1950er-Jahre diente sie als Trinkwasserreservoir für den Wuppertaler Stadtbezirk Ronsdorf. Seit

Die Ronsdorfer Talsperre

1999 ist die Talsperre im Besitz des Wupperverbands, der diese bis 2004 umfänglich sanierte und seitdem wasserwirtschaftlich nutzt sowie als Kulturdenkmal und Erholungsort erhält.

Der Schornstein des Oberen Jansenkottens

Wer nun eine kürzere Wanderrunde (etwa fünf Kilometer) bevorzugt, folgt nach Überquerung der Staumauer dem Weg links hinunter entlang des Saalbachs bis ins Zillertal. Alternativ bietet sich eine längere Runde (insgesamt etwa zwölf Kilometer) über den Wuppertaler Ortsteil Holthausen an. Die Route führt mit wunderbaren Aussichten über Felder und Wiesen, bis es anschließend durch den Wald, vorbei an zahlreichen ehemaligen Kotten-Standorten, wieder hinunter ins Gelpetal geht. An vielen Standorten der ehemaligen Kotten sind Informationstafeln angebracht, die über die Geschichte der Kotten und deren Besitzer informieren. Hervorzuheben ist dabei der Obere Jansenkotten. Hier steht der einzige Schornstein eines Kottens, der an Gelpe und Saalbach noch erhalten geblieben ist.

Vom Oberen Jansenkotten führt der Weg weiter durch das idyllische Gelpetal ins Zillertal, in dem das gleichnamige Restaurant und Café mit Bergischer Küche zur Einkehr einlädt. Anschließend geht es weiter zum Zusammenfluss von Saalbach und Gelpe, bis der Ausflug in die Bergische Landschaft und Geschichte am Ausgangspunkt in Clemenshammer sein Ende findet. Und hier lohnt noch einmal ein Blick auf den Bergischen Löwen, der als Skulptur mit bergisch-grünem Fell und weißer Mähne wachsam brüllend vor dem Steffenshammer bei Wind und Wetter ausharrt.

Wer nun noch mehr über die Geschichte der Werkzeugproduktion im Bergischen Land erfahren möchte, besucht anschließend das Deutsche Werkzeugmuseum im Remscheider Ortsteil Hasten.

Info

Lage: Das Gelpetal liegt zwischen den beiden Städten Wuppertal (im Norden) und Remscheid (im Süden) und bietet abwechslungsreiche Wandermöglichkeiten in unterschiedlicher Länge.

Adresse: Ein möglicher Ausgangspunkt ist der Steffenshammer, Clemenshammer 3, 42855 Remscheid.

Wanderungen:

- Hammer-Runde (ohne Ronsdorfer Talsperre): Länge ca. 6,5 Kilometer, 169 Höhenmeter, *naturparkbergisches-land.de/tour/rundwanderweg-remscheid-gelpetal* (inkl. GPX-Download)
- Gelpetal und Ronsdorfer Talsperre: Länge ca. 11,5 Kilometer, 280 Höhenmeter, *komoot.de/tour/1137437815*

Aktivitäten:

- Besichtigung des Steffenshammers: *steffenshammer.de/termine*
- Besuch des Deutschen Werkzeugmuseums: Cleffstraße 2-6, 42855 Remscheid, *werkzeugmuseum.org*

Einkehren:

- Café Restaurant Haus Zillertal: u.a. auch die Bergische Kaffeetafel, siehe Tipp 41; Zillertal 1, 42349 Wuppertal-Cronenberg, *haus-zillertal.de*

Das kleine Wörterbuch
Goldberger Mühle in Mettmann

Das kleine Wörterbuch

A

Antrecken – anziehen

B

Balch – Körper
Bangböxe – Angsthase
Beömmeln, sich – sich amüsieren
Betuppen – übers Ohr hauen
Blötschkopp – Dummkopf
Brülldöppen – Nachttopf
Bütterken – Butterbrot

D

Dingenskirchen – etwas, was einem nicht einfällt
Drömmeln – langsam machen
Dröppelminna – Kaffekanne mit drei Füßen

E

Erpel – Kartoffel
Erpelschloot – Kartoffelsalat

F

Fott – Hintern
Friemeln – mit Fingerspitzen bearbeiten

G

Gedöns – unnütze Dinge

K

Käbbeln – streiten
Kappes – Unsinn, Quatsch, auch: Weißkohl
Klamüsern – an einer Sache herumbasteln
Klömkes / Klümpkes – Bonbons

Kniepig – geizig
Kopping – Kopfschmerzen
Krosen – aufräumen, herumkramen
Krüönseltenstrüükkelschen – Stachelbeerstrauch
Kumma! – Schau mal!

L

Laberkappes – Schaumschläger
Leck mech enne Täsch! – Ich glaube es nicht!

M

Modder – Schlamm, Dreck
Möpp, fieser Möpp – schlechter Mensch

N

Nippes – Ramsch

P

Pillekoken – Pfannkuchen
Pisematückeln – planlos erledigen
Pleestern / plästern – regnen
Pöngeln – schleppen
Poofen – schlafen

S

Schloot – Salat
Senge – Prügel
Stickum – heimlich
Stiewen Ries – Milchreis mit Zimt und Zucker

T

Töttern – quatschen

U

Usselig – ungemütlich

V

Verhohnepiepeln – lächerlich machen
Verknusen – etwas verkraften

Quellen: deine-woerter.de/lexikon/bergisches-land/ und bergischplatt.de/alte-worter-neue-sprache/

Register

Blick auf Wülfrath-Düssel

Register

Bergisches Fachwerkhaus im Gelpetal

Autoren:

Janett Schindler hat folgende Texte verfasst: Willkommen im Bergischen Land, Kurioses und Besonderheiten, Tipps 2, 3, 4, 6, 7, 9, 11, 12, 13, 14, 15, 16, 17, 18, 26, 30, 31, 32, 34, 35, 37, 39, 41, 44, 46.

Andreas Walter hat folgende Texte verfasst: Top Ten der Sehenswürdigkeiten, Das kleine Wörterbuch, Register, Tipps 1, 5, 8, 10, 19, 20, 21, 22, 23, 24, 25, 27, 28, 29, 33, 36, 38, 40, 42, 43, 45, 47, 48, 49, 50.

Das Vorwort haben Janett Schindler und Andreas Walter gemeinsam verfasst.

Bildnachweis:

Alle Bilder von Janett Schindler und Andreas Walter außer: Adobe Stock / travelpeter Cover | Bergischer Abfallwirtschaftsverband BAV S. 50 | Der Grüne Zoo Wuppertal / B. Scheer CC BY-SA S. 194, 195u, 196o, 197o | Karten – Mapcreator.io, OSM.org, ©DLR, ©Airbus Defense and Space, ©Copernicus | Neanderthal Museum / Holger Neumann S. 144u | Public Domain S. 22; pxherecom CC0 S. 21u | Rinder-Union West eG S. 23 | A Savin CC BY-SA 25 S. 84/85